普天之下・盡是好書

普天出版家族
Popular Press Family

凌雲 A-Plus Creative Company 文創

臉皮比別人厚一點，機會就比別人多一點

能力要夠，臉皮要厚

Promote yourself
not to be shy

臉皮厚黑學

鄧拓曾經寫道：
越是有本領的人，
臉皮越是比平常人要厚。

確實如此，因為機會常常留給臉皮厚的人，
臉皮比別人厚一點，機會就會比別人多一點。

厚臉皮雖然讓人感到不屑，但卻是每個想要成功的人，
不得不具備的一項競爭利器。現實社會中，我們不難見到，
有些優秀的人礙於面子問題，不願意放下身段，
因而喪失許多原本屬於自己的機會。
事實上，與其在乎那張薄薄的臉皮，
還不如鼓起勇氣，硬著頭皮厚著臉皮，
積極開創自己的運氣。

公孫龍策 編著

出版序

臉皮厚一點，機運就比別人多一點

只要臉皮比別人厚一點，機運就會比別人多一點！臉皮厚並不可恥，重點在於你如何將這項武器運用在恰當的時機。

英國作家約翰．雷曾經說過：「我的成功座右銘，就是人不可不要臉，但臉皮一定要夠厚。」

所謂成功的人，不是光指有能力、肯努力的人，還包括面對讓自己難堪的處境，也能厚著臉皮保持鎮靜的人。

想要在人生戰場揚眉吐氣，除了要厚植自己的實力，更要學會厚著臉皮替自己創造運氣，千萬不要在乎別人的異樣眼光。

人往往爲了面子問題，喜歡用強硬的語言外套，來包裹自己的膽怯與軟弱，但是，面對無法逃避的困難之時，與其耍嘴皮，還不如厚著臉皮，硬著頭皮，勇敢面對這一切。

被公認爲英雄、豪傑的人物，面對危機的行事態度，都有超越常人之處，因此也往往能開創峰迴路轉的新格局。

劉邦和項羽爭霸天下，有一回漢楚兩軍正面遭遇，劉邦在陣前大聲數落項羽的十大罪狀。項羽氣怒萬分，命令士兵放冷箭射殺劉邦，瞬間箭雨狂飛，其中一枝箭不偏不倚射中劉邦的胸口，痛得他墜馬仆倒在地。

漢軍見主帥劉邦中箭伏在地上，頓時軍心渙散，士氣全失，眼見就要被楚軍徹底消滅。

這時，劉邦強忍著胸口的劇痛，趕緊爬起來，彎著腰遮住胸前的箭梢和血注，用手摀著腳掌，故作無礙地大聲喊道：「碰巧被你們這些雜碎射中了，幸好射在腳趾頭，沒什麼大不了！」

漢軍一聽主帥傷勢沒有大礙，罵人仍然中氣十足，立即恢復信心和戰鬥意志，終於抵擋了楚軍的猛烈攻勢。

事實上，劉邦這次的傷勢十分嚴重，性命垂危，但是，如果他不咬緊牙關硬撐，恐怕就得立即橫屍沙場了。

每逢生死一瞬的關鍵時刻，劉邦總是靠著這種無比堅韌的毅力渡過難關，最後終於擊倒項羽，建立大漢王朝。

詩人愛默生說過：「任何限制我們能力的東西，我們稱為命運。」

但是，所謂的命運，其實包含先天的「命」，以及後天的「運」。厚臉皮這種行爲，從積極、正面的層次來解釋，就是對自己認定的信念、追求的目標鍥而不捨。只要臉皮比別人厚一點，機運就會比別人多一點。

一個成功的人，除了自己要有本事之外，最重要的必須要臉皮夠厚，不因爲別人的嘲笑和異樣眼光，就放棄原本的堅持，如此，才能夠不瞻前顧後，做一個扭轉自己命運的主人。

如果你的臉皮厚得像犀牛皮，就會充滿勇氣，無論遭遇多麼艱難的困境、多麼難堪的際遇，都不會輕言放棄放棄。

莎士比亞在《亨利六世》中說道：「只有鼓起勇氣才是辦法！凡是無法逃避的事情，如果光害怕、著急，那只能算是幼稚、軟弱！」

人生旅程有時康莊大道，有時荊棘遍佈，遇到危急情況，應該像劉邦一樣咬緊牙關全力以赴，克服層出不窮的困難，才能獲得最後的成功。

現代社會競爭十分激烈，想要更快出人頭地，臉皮就必須比別人厚一些！臉皮厚並不可恥，重點在於你如何將這項武器運用在恰當的時機。要是一味爲了面子問題，不知適時調整行事策略，只會一再喪失成功的契機。

現實生活中，我們不難見到，有些優秀的人礙於面子問題，不願意放下身段，因而喪失許多原本屬於自己的機會。事實上，與其在乎那張薄薄的臉皮，還不如鼓起勇氣，硬著頭皮厚著臉皮，積極開創自己的運氣。

•本書是《能力要夠，臉皮要厚》全新修訂版，謹此說明

目次

PART 1 試著把譏諷當作激勵

如果你想開創一番事業，就應該像斯泰雷一樣，試著把別人的嘲諷視為激勵，讓它成為逆境中前進的動力。

PART 2

沒有慾望就沒有希望

想要在人生逆旅獲得成功，除了堅忍不拔的毅力之外，還必須具備雄心壯志，亦即龐大的慾望。沒有慾望，就沒有希望。

PART 3

你確定自己「盡力」了嗎？

所謂的「盡力」，是盡到了哪種程度的力呢？是不是「盡力」之後，就連吃飯、走路也使不出力氣了呢？如果不是如此，怎麼能說自己已經盡力了呢？

PART 4

不要當高人一等的蠢蛋

要讓一個傲慢的人看清自己的嘴臉，是件困難的事，因為這種人往往受習慣性的想法擺佈，總是認為自己高人一等，殊不知在別人眼中只不過是個蠢蛋。

PART 5

要潑別人冷水，先帶一把雨傘

英國諷刺作家斯威夫特曾說：「諷刺是一種鏡子，照鏡子的人從鏡中都能發現其他人的面孔，唯獨看不見自己。」

PART 6

關鍵的朋友留在關鍵的時候用

培根在《人生智慧》中說：「友誼對於人生，真像是煉金術士所要尋找的那種『點金石』。它能使黃金加倍，又能使鐵點成金。」

PART 7

不要當搞不清楚狀況的菜鳥

印度哲人普列姆昌德說：「世界是一片戰場，在這戰場上，只有洞燭先機的人才能取得勝利。」

PART 8

不要把「草包」寫在自己的臉上

英國作家毛姆說：「如果個人都發現自己愚蠢到什麼程度的話，世上將有一半的人寧願自殺。」

PART 9

戰勝自己的缺陷就能成功

英國小說家傑羅姆說：「偉人之所以成功，有時是妥善運用自己的優點，有時則是戰勝自己的缺陷。」

PART 10

偶爾做個「無賴」也不錯

你可以決定自己的人生要走往何處，也可以讓自己越活越年輕。別人根本無法鑑定你存在的價值，也無法帶領你去你想去的地方。

PART 11

你用什麼心態面對失敗

面對失敗的處理方式不同，「失敗」本身的意義也會有所不同。將逆境視為自我蛻變的成長過程，最後才能像蝴蝶一樣破蛹而出，翩然翔舞。

PART 12

厚臉皮，成功更容易

「厚臉皮」是一項武器，而且是上天賜給那些沒有背景，也沒有外貌或才能的人，一項最大的絕技。只要能達成目的，讓人笑罵幾句又有什麼關係呢？

1. PART

試著把譏諷當作激勵

如果你想開創一番事業，
就應該像斯泰雷一樣，
試著把別人的嘲諷視為激勵，
讓它成為逆境中前進的動力。

用鼻子彈鋼琴，又有什麼不行？

只要充滿智慧，人生到處都是成功的機會。要在自己的領域中一直不斷地創新，如此才能創造出更多機會，豐富自己的生活。

羅斯福曾經說過：「限制我們明天成就的因素，並不是缺少機會，而是我們對眼前機會的遲疑。」

其實，每個人都有獨特的思考模式，每個人也有著無可取代的價值，只要肯動動大腦，發揮自己的創意，追求生活裡的無限可能，那麼就能把不可能變成可能。

據說，音樂神童莫札特在音樂大師海頓門下學藝的時候，曾經和老師打賭一件事。莫札特說，他能寫出一段，連音樂大師海頓也無法彈奏的曲子。

在音樂殿堂努力大半輩子，已經成爲衆人景仰的宗師的海頓，聽到這麼誇大的話，只是一笑置之，一點也不相信莫札特所說的話。

不一會兒工夫，莫札特便將一段曲子譜好，交給老師彈奏。

海頓看著琴譜，胸有成竹地彈奏起來。

但是，彈不到幾秒鐘，他便驚呼道：「這……這是什麼？我兩隻手都已經分配好音符要彈奏了，而且還是分開在鋼琴的兩端，怎麼眼前還多了這個音符？這到底怎麼彈奏啊？」

海頓試彈了很久，仍然無法想出法子，無奈地說：「除非是三隻手，否則，沒有人可以彈奏這首曲子了。」

海頓對自己充滿了信心，認爲連自己都無法彈奏的曲子，別人當然更加無能爲力。

但是，莫札特這時卻開心地表示他做得到，隨即接過樂譜，面帶微笑地坐上琴椅，輕快地彈奏起來。

海頓狐疑地站在一旁，仔細觀看這個神童，到底如何完成那個需要「第三隻手」才能彈出的音符。

當莫札特彈到那個特別的音符時，只見他不慌不忙地向前彎下了身子，用鼻子點了一下。

海頓一看方法竟然這麼簡單，不禁哈哈大笑，對這個高徒讚嘆不已。

厚臉皮的人比較幸運

這是莫札特一則很有趣的軼聞，雖然從來沒人看過他在公開場合用鼻子彈琴，但這則軼聞提醒我們，只要擁有獨特的創意與靈活的思維，生活之中就沒有無法克服的難題。

就像故事中的音樂大師海頓，如果他能走出慣性思考的束縛，曉得「用鼻子彈鋼琴，又有什麼不行」的道理，那麼他就會發現：「世界上沒有不能彈奏的曲子。」

我們可以用這個例子，作爲勉勵自己的座右銘。

生活中許多看似無法解決的難題，並非眞的無解，而是我們被慣性的思考模式束縛，沒找到正確的方法。

只要充滿智慧，人生到處都是成功的機會。要在自己的領域中一直不斷地創新，如此才能創造出更多機會，豐富自己的生活。

厚臉皮智典

當你是一個勝利者，很容易對自己有信心，也很容易嚴格要求自己。但是，當你不是勝利者，更應該對自己有信心，更嚴格要求自己。

——運動教練文斯·倫巴迪

讓險境成為生命的動力

只要能活著，再困難的險境都會是生命的動力，只要積極、不退縮，人生就沒有什麼是不可能的。

別再停留在崎嶇的人生路口，更別想著退縮，因爲就算換了另一條路走，仍然會遇上陡峭難行的路。畢竟人生不可能永遠一帆風順，而且唯有在狂風暴雨中，我們才會激起強烈的生命動力。

美國有個失去兩條腿的人，用自己積極而旺盛的生命力，彌補了身體的缺陷，相當受歡的演說家。這個傳奇人物的名叫班·福特生。

班是在一九八五年那年，失去了他的雙腿。

有一天，他砍了許多胡桃木的枝幹，準備拿來做種植豆子的撐架。當他把胡桃木裝上車後，在開車回家的途中，突然有一根樹枝滑落，並卡進了引擎裡。

不巧的是，這時車子正準備急轉彎，卡在引擎中的樹枝，造成車子失控，直接衝撞到路邊的樹幹，而他的脊椎也受了重傷，兩條腿登時完全麻痺。

出事那年，班才二十四歲，經過緊急搶救之後，醫生雖然救回他一命，但也判定他要終身坐在輪椅上。生命中這個突如其來的衝擊，令班無法接受，他對人生充滿了憤恨和難過，每天都在抱怨老天的不公，和命運的乖舛。

在怨懟的生活裡，日子就這麼一天又一天的度過。有一天，班忽然醒悟，他發現憤恨的情緒非但使得自己什麼事也做不成，而且還帶給別人惡劣的印象。

當心境平靜下來，他慢慢地發現，其實大家對他都充滿了體諒與尊重，每個人對他都相當關心，於是他告訴自己，應該要設法加以回饋。

心結打開的那天，班整個人完全轉變，不僅積極地面對人生，還養成了每天閱讀的習慣，漸漸地，他對一些文學作品產生了興趣。

坐在輪椅上不能自由行動的十四年裡，他至少讀了一千四百多本書，這些書為他帶來了很多新的想法，讓他深刻體驗到，即使受到如此打擊，自己的生活仍然可以是豐富而精彩的。

同時，他也開始聆聽音樂，以前那些讓他覺得煩悶的變奏曲，後來都能令他非常的感動，他說他現在最大的收穫是：「有更多時間思考了。」

從此，每當有人問他，經過了這麼多年，他是否還覺得那次意外是個可怕的經歷，班都笑著回答：「一點也不可怕啦！現在，我很慶幸能有這麼一個獨特的經歷呢！」

班大量吸收資訊和閱讀的結果，讓他對政治產生了興趣，不僅努力研究公共問題，還坐著輪椅到處發表演說，成了最受歡迎的演講家。

厚臉皮的人比較幸運

在如此難熬的逆境，班．福特生卻更加積極地開創他的人生。

從憤恨、難過，無法承受命運的捉弄，到克服沮喪、不再抱怨，來自內心的醒悟，使得他從此有了全新的生活。

在現實生活裡，我們經常看見許多殘而不廢的成功人士，他們的生命力通常比四肢健全的人都要旺盛。他們常說，沒有什麼事比身體的殘缺更難過了，所以，他們比任何人了解生命的意義也更加珍惜生命的價值。

像是一些口足畫家，或是輪椅運動選手，從他們的堅毅臉上，我們絕對看不到退縮的神情。因爲，他們知道，只要能活著，再困難的險境都會是生命的動力，只要積極、不退縮，人生就沒有什麼是不可能的。

厚臉皮智典

成功當然沒有什麼了不起，只不過你必須恰巧擁有銳利的眼睛、敏捷的思維和無論發生什麼事都毫不猶豫的性格。

——埃弗雷德．希區考克

別人做得到的，你一定也能

> 別人能，你一定也能，只要你付出的跟別人一樣多，相同的目標、終點，很快地你也會到達。

「別人能的，我一定也能」，一定要這樣充滿信心，鼓足勇氣，給自己多一些實現目標的動力，你就比別人多一些成功的保障。

有個出身奴隸階級，名叫狄斯雷利的英國男孩，經常充滿信心地對人說：「別人做得到的，我一樣也能！」

猶太裔的狄斯雷利，血管裡似乎眞的流著猶太人頑強不屈的血液，他從來不認爲自己是個奴隸，更不認爲自己將來會是社會底層的卑微人物。他堅信，憑著自己的智慧、信心和努力，任何障礙他都能戰勝，並且成功跨越。

就算整個世界都和他作對，他也會不斷用歷史名人的光輝業績來提醒自己：約瑟，是四千多年前埃及的最高主宰，丹尼爾則是在基督誕生前五世紀，成爲世界上最偉大的帝國元首……

志向遠大的狄斯雷利，從小就堅持著自己的夢想，將努力實踐的企圖心，深深紮根於現實生活中。他從社會的底層開始努力向上爬，一步步踏上中產階層的行列。後來，經過不懈的努力和奮鬥，他進入英國的上流社會，最後還登上進入了權力金字塔的頂峰，當了二十五年英國首相。

在狄斯雷利通往成功的道路上，他所遇到的荊棘和坎坷，或面對的蔑視、嘲諷，以及後來衆議院裡的噓聲、辱罵，都要比別人多上一倍，但是，他都一一勇敢面對，也一一加以抵抗，一點也不讓這些屈辱阻擋了他前進的腳步。

每當面對挑戰，他總是冷靜地回答說：「總有一天，你們會認識我的價值，總有一天，我的成功也一定會到來。」後來，這樣的時刻眞的到來了，這個曾經被許多人否定過的男孩，終於憑著智慧和信心出人頭地。

厚臉皮的人比較幸運

就像迪斯雷利說的：「別人能做到的，我一定也能！」

這樣的話語也經常出現在勵志語錄中，從出生開始，每個人的機會本來就站在平等線上，所有的差距，也都在於個人的努力與否。

別人能，你一定也能，只要你付出的跟別人一樣多，相同的目標、終點，很快地你也會到達。如果你體力不如人，那麼你只要再多付出一些時間，增進自己的智慧和信心，堅持下去，你也能到達得標終點，拿到錦旗。

厚臉皮智典

在我們的周圍，總會有更富有和更成功的鄰居，競爭是健康的，你必須和他們進行良性的競爭。

——暢銷作家查爾斯．漢迪

不妨盯著「馬糞」找機會

機會就在你身邊，不要用世俗的眼光去評斷事物的外表，而是用心去發掘內在的價值，只要讓腦子靈活轉一轉，只要用心，機會一定會出現。

我們總是看著別人開創出一個個奇蹟，卻不知道早在別人發跡之前，創造奇蹟的機會也曾出現在我們眼前。

想一想，如果是你，當你望著散發惡臭的馬糞，你是想著其他的發財夢，還是盯著馬糞找機會？

一九九六年，約翰．馬登榮登澳洲雪梨市的首富，令人訝異的是，這個擁有上億元資產的年輕富翁，卻是從「馬糞」買賣中起家的。

約翰．馬登之所以會選擇從事「馬糞」生意，說起來還有一段傳奇故事！

馬登還在大學唸書的時候，有位教企業管理課程的老師，在講解經商之道時說：「怎樣才算是一個成功的商人呢？如果，他連馬糞都可以賣，而顧客也非常樂意購買的話，他就是一個成功者了。」

老師的這番話，深刻地印在馬登的腦海裡。

大學畢業後，約翰．馬登到雪梨市郊的一個馬會工作，他第一天上班，看到一車車被運到附近農村的馬糞，以賤價出售時，忽然想起了老師說過的那番話。

他開始認真思考著：「賣馬糞到底能不能賺大錢呢？」

於是，他花了兩年的時間，潛心鑽研農業、土地和肥料……等等相關知識，還將馬糞拿到實驗室裡，仔細分析研究，認真地進行試驗。

後來，終於讓馬登發明出一種可行的方法。他將馬糞提煉加工成顆粒狀肥料，然後低價出售。

這些顆粒狀肥料不僅施用後的成效高，而且無臭無味，每包以二澳元的合理價格出售，農民們都非常樂於使用。

推廣了一年後，約翰．馬登在年度結算時，淨賺的金額連他自己也不敢相信。沒想到這些原本被人們賤賣的馬糞，經過他的重新製作包裝，竟然爲他帶來了一億美元的收入。

厚臉皮的人比較幸運

居禮夫人曾說：「弱者坐待良機，強者製造時機，但是，智者則會在坐待良機和製造時機之前，先做好準備。」

確實，一個人是否有所成就，關鍵在於等待機會的同時，是否做好迎接挑戰的準備。如果在平時不懂得充實自己，做好準備，即使有一百個機會找上你，你照樣會眼睜睜地，看著這些機會從指縫中溜走。

從約翰．馬登的發跡過程中，我們可以深刻體會「遍地有黃金」這句話的道理。當然，這也得依靠他的智慧和鑽研精神，才能在平凡之中開創如此不平凡的傳奇。

沒有人不想成爲大富翁，只是，有幾個人能像馬登一樣，肯花費心思挖掘財富在哪兒呢？

機會就在你身邊，不要用世俗的眼光去評斷事物的外表，而是用心去發掘內在的價值，只要你肯讓腦子靈活轉一轉，只要肯用心尋找，機會一定會出現。

因爲，這正是那些白手起家的傳奇人物身上，最重要的成功秘訣。

厚臉皮智典

想要成功就必須充滿想像力，必須清楚看到夢想中的所有事物，並且把它們陸續實現。

——鋼鐵大亨查爾斯·施瓦布

試著把譏諷當作激勵

如果你想開創一番事業，就應該像斯泰雷一樣，試著把別人的嘲諷視為激勵，讓它成為逆境中前進的動力。

人在邁向成功的過程，所必須具備的堅毅特質，就是必須勇敢地去面對別人的譏笑與嘲諷。因爲，譏刺的話語往往比刀劍還要銳利，會刺傷一個人的意志。

你聽過美國的玉米大王斯泰雷的故事嗎？

斯泰雷十六歲的時候，曾在一家公司當售貨員，當時，他的職位和薪水都很低，工作量卻十分龐大。在他心中一直有個偉大的願望，那就是要成爲一個不平凡的人。

但是，每當他流露這種想法，公司的老闆便譏笑他異想天開、不切實際。有一天，他被老闆狠狠地訓斥了一頓：「老實說，你這種人根本不配做生意，你啊，徒有一身力氣，卻一點腦袋也沒有，我勸你還是到鋼鐵工廠去當個工人吧！」

老闆這番刻薄的話語，嚴重刺傷了斯泰雷的自尊。他自認做事一直都非常小心謹慎，工作態度也非常主動積極，被老闆這麼一激，不禁出言反擊。

他立刻對老闆反駁說：「老闆先生，你當然有權力將我辭退，但是，你不可能消滅我的信心。你說我沒有用，那是你說的，這一點也不會減損我的能力。你看著吧！有一天我會開一家比你大十倍的公司。」

老闆到這個年輕小伙子竟敢出言頂撞，而且說出這番「不知天高地厚」的話，當然嗤之以鼻，立即將他開除。誰也料想不到，幾年後，斯泰雷真的憑著自己的智慧，創造了驚人的成就，成爲全美著名的玉米大王。

如果你想開創一番事業，就應該像斯泰雷一樣，試著把別人的嘲諷視爲激勵，讓它成爲逆境中前進的動力。

其實，我們一點也不必害怕被人責難，因爲，有時候責難並非全然沒有道理的，或許自己眞的有不足之處也說不定。因此，當我們聽到別人的指責，應該虛心記取，仔細反省自己是否有所缺失，並努力修正。

反省之後，如果自認沒有任何缺失，或是錯誤不在自己，就把這些嘲諷和貶抑轉化成動力，不要被他人看扁，激勵自己一定要比對方強，千萬不要被幾句惡毒的話給擊倒。

厚臉皮智典

我們身處的這個時代，最大的困擾是，馬路上到處都是路標，但是卻沒有告訴你如何才能到達目的地。

——幽默作家亨利・明茨伯格

別當「沒出息」的紳士

成功沒有捷徑，老是好高騖遠，只想一步登天的人，永遠也沒有成功的機會。

成功沒有捷徑，老是好高騖遠，只想一步登天的人，通常沒有什麼智慧，這種人鄙視眼前的機會，永遠也沒有成功的機會。

有兩個年輕人大學畢業後偕伴一起去找工作，其中一個是英國人，另一個是猶太人。他們懷抱著成功的希望，決心要找到適合自己發展的工作機會。

有一天，他們一起走在街上，同時看到地上有一枚硬幣，英國青年看也不看地就踩了過去，而猶太青年卻立即彎腰將它撿了起來。

英國青年看見猶太青年的這個舉動，不禁露出鄙夷的神情：「你們猶太人連一枚硬幣也撿，眞沒出息！」

但是，猶太青年看著英國青年的背影，心裡卻這麼想：「你們英國人眞沒出息，竟然故作瀟灑，讓錢白白從身邊溜走！」

接著，他們同時來到一家公司應徵，這間公司規模很小，工作量卻很大，更重要的是資薪很低。這個英國青年不屑一顧地便走了，而猶太青年卻在評估之後開心地選擇留下。

兩年後，這兩個人在街上重逢，猶太青年已經成了老闆，而英國青年卻還在尋找工作。

英國青年帶著妒意，完全無法理解，還忿忿不平地說：「像你這麼沒出息的人，怎麼能這麼快就發達了？」

猶太青年回答說：「因爲，我不像你那樣硬擺出紳士模樣，也不會毫不在乎從一枚硬幣上走過去，每一分錢我都非常珍惜，就算只是一個硬幣。你連一枚硬幣都不要，又怎麼會發財呢？」

厚臉皮的人比較幸運

英國青年並非不在乎錢，只是眼睛總盯著大錢，對小錢棄如敝屣，他忘了大錢是從小錢累積出來的，所以，他眼中的大錢永遠是遠在天邊，永遠摸不著邊。

英國青年的問題，正是現代人們的通病，大多數人不是爲了追求永久的財富，而是只顧眼前利益。大家都很愛錢，但是忽略了「聚沙成塔」的富翁守則。

猶太青年深諳此理，所以他能看見永久的財富，知道很多大老闆也是從掃地工開始，再多的財富都是從一塊錢開始累積。

成功沒有捷徑，老是好高騖遠，只想一步登天的人，永遠也沒有成功的機會。

厚臉皮智典

只有具備真才實學，既了解自己的力量，又善於適當而謹慎地使用自己力量的人，才能在世俗事務中獲得成功。

——歌德

換個角度思考自己的出路

不要只會從直線的角度思考，解不開問題時不妨轉個角度，也許癥結正是出在另一端。

激發你的思考潛力，想事情的時候不要執拗地只鑽一個孔洞，或許出口就在這個一直無法突破的洞孔旁邊，只要你向後退幾步，開闊自己的視野重新觀察問題，出口便會豁然開朗地出現。

麥克是某家大廣告公司的高級主管，後來卻面臨了去留兩難的情況。

其實，麥克非常喜歡自己所從事的工作，更喜歡付出多少便得到多少的薪水待遇，但是，他卻越來越討厭阻擋自己更上一層樓的上司，經過這麼多年的忍受，他覺得自己已經到了忍無可忍的地步了。

幾經思考，他決定透過人力仲介公司協助，重新找分適當的工作。仲介公司的人看了他的條件後對他說，他想找到一個類似的工作並不難，很樂觀地請他回去等候好消息。

回到家，麥克把跳槽計劃告訴了妻子。

麥克的妻子是位高中教師，這幾天她剛好與學生們討論「重新界定」的概念，於是建議麥克不妨「重新界定」自己的問題。

妻子告訴麥克，所謂的重新界定，就是把你正在面對的問題換個角度想，把問題倒過來看，不僅自己要用不同的角度看問題，也要從其他人的角度思考問題。接著，妻子把上課的大概內容講給麥克聽。

麥克聽了妻子的話後，忽然有個大膽而兩全其美的創意在他腦中浮現——與其自己離職，倒不如請上司離職。

第二天，他又來到人力仲介公司，這次他想請公司替他的上司找工作。

不久，他的上司接到了人力仲介公司挖角的電話，要請他跳槽到別家公司任職。儘管他完全搞不清楚狀況，但是，他正巧對自己現在的工作感到厭倦，而且對方開出的職位、待遇也相當不錯，所以他一點也不猶豫，立即接受了這分新工作。

由於上司接受了新的工作，他的位置便空了出來，於是麥克立即名正言順地坐上了上司的這個位置，更愉快地從事自己的工作。

厚臉皮的人比較幸運

這是一個相當有趣的故事，麥克本來是要重新找分工作，躲開令人討厭的上司，但是，因爲妻子的一番話，讓他學會從不同的角度去思考問題。

後來，他仍然做著自己喜歡的工作，不僅擺脫了令人懊惱的上司，還得到了盼望已久的升遷。

雖然麥克的例子並不普通，但面對問題的方法卻仍然通用。不要只會從直線的角度思考，解不開問題時不妨轉個角度，也許癥結正是出在另一端。

重新界定自己面對的問題十分重要，現代社會競爭十分激烈，如果你想要早點出人頭地，就必須想辦法移開眼前的障礙。想要早點成功，除了要有紮實的能力之外，也必須有點心機，臉皮更要比別人厚一些！

只要不作姦犯科，厚臉皮並不是什麼可恥的事，重點在於你如何將這項武器運用在恰當的時機。要是一味顧及面子問題，一味顧及世俗的觀感，不知道適時調整行事策略，只會一再喪失成功的契機。

厚臉皮智典

上天要求我們具備三件東西才能賜予幫助：一顆堅定的心，一隻強壯的手臂，和一張緊咬的唇。

——哈利伯頓

別讓未來停在想像的框框

知道自己想做什麼，也要懂得努力去實踐，就算經常要重新開始，只要有決心，每一個變動都會是美夢成真的實現。

爲什麼許多人像無頭蒼蠅一樣到處亂竄，一直找不到自己的未來呢？

其實，不是他們沒有未來，而是不知道自己想要什麼樣的未來，或者是知道了卻只停留在「想」的方框裡一動也不動。

美國運輸業巨頭科尼里斯·范德比爾，之所以能成爲叱吒商界的名人，在於及早從輪船航運中發現自己的成功機會。

當他看到航運業欣欣向榮之時，內心便相信，自己一定能在這方面有所發展，於是，他毫不猶豫地放棄當時蒸蒸日上的事業，到一艘汽船上，做個年薪只有一千美元的船長。

他的決定讓家人和朋友們大吃一驚，但是，他不顧大家的反對，仍決心要在航運業取得非凡的成就。

雖然，當時早已有人拿到紐約航行的通行專利，壟斷整個航運業，但范德比爾認爲，這項法令並不符合美國憲法公平競爭的精神。

他一再聯合其他業者，要求取消這個法令，最後終於獲得成功，不久之後，他也擁有了第一艘屬於自己的汽船。

當時，美國政府爲了處理往來歐洲的郵件，得付出大筆的補貼經費，范德比爾爲了提升自己的影響力，便自告奮勇，表示願意提供免費運送郵件的服務。

這個要求很快地就得到了聯邦政府的回應，於是范德比爾開始打著「政府郵務委託公司」的名號，經營他的客運與貨運。

當他的航運事業日正當中時刻，他又發現，像美國這麼一個地域遼闊的地方，人口如此之多，將來在鐵路運輸方面一定也大有可爲。

於是，他又積極地投入鐵路事業中，以蠶食鯨吞的手法建立了四通八達的范德比爾鐵路運輸網，奠定了事業上堅實的基礎。

厚臉皮的人比較幸運

聰明的人總是眼光遠大，不會被事物的表面現象迷惑。

其實，范德比爾的人生觀很簡單，只有兩個重點，一是「知道自己在做什麼，也知道自己想要什麼」，二是「努力實踐自己的理念」。

許多正在尋找工作的人，也往往只會埋頭找工作，盲目傳送個人的履歷資料，一旦問到什麼才是他最想要的，恐怕一半以上都會搖頭說：「不知道」，既不知道自己的人生方向，也不願努力證明自己的價值。

也許有人會說，范德比爾根本是三心兩意，但是，他的每一項「三心兩意」卻也都有所成就。

所以，必須知道自己想做什麼，也要懂得努力去實踐，就算經常要重新開始，只要下定決心，每一個變動都會是美夢成真的實現。

厚臉皮智典

你必須記住一點，在淘金熱蔓延的時期裡，真正發財的不是那些辛辛苦苦淘金的人，而是販賣鋤頭和鏟子的人。

——美國經濟學家布蘭德

2. PART

沒有慾望就沒有希望

想要在人生逆旅獲得成功，
除了堅忍不拔的毅力之外，
還必須具備雄心壯志，亦即龐大的慾望。
沒有慾望，就沒有希望。

看看你的舌頭還在不在？

失敗會引發人的無力感和挫折感，但是，另一方面，失敗也是一個人力爭上游的動力，足以讓人跨越極限，攀上生命巔峰。

戰國末期，以連橫計謀瓦解六國合縱盟約，協助秦國併吞天下的張儀，是一個相當達觀、不會沉迷失敗夢境的人。

張儀和蘇秦同是鬼谷子的門徒。學成下山之後，張儀眼見師兄蘇秦佩帶六國相印，便效法蘇秦，遊說各國諸侯加強合縱關係，力拒秦國的分化、離間。

但是，合縱之說原是蘇秦嘔心瀝血的獨到理論，張儀無法提出超越蘇秦的新見解，因而屢屢碰壁。

有一次，他前赴楚國宰相府邸參加宴飲。當天晚上，相府遺失了一塊璧玉，門下食客認爲張儀「貧而無行」，一口咬定璧玉必定是他所偷，將他五花大綁，鞭打了數百下，然後逐出門外。

張儀遍體鱗傷回到家中，他的妻子見了他的狼狽模樣，不禁大發牢騷說：「早知道會落得這種下場，就別去讀書、遊說了，功名沒求成，反而無端遭到羞辱。」

張儀不以爲意，戲謔地問：「妳快看看我的舌頭還在不在？」

他的妻子莫名所以，苦笑著說：「當然還在！」

張儀信心滿滿地說：「舌頭還在，那就夠了！」

事實證明，張儀的舌頭，威力勝過百萬雄兵。

療傷止痛之後，張儀轉進秦國，憑著三寸不爛之舌，說服了秦惠王採取「遠交近攻」的連橫政策，也憑著三寸不爛之舌，瓦解了六國長達十五年的合縱盟約，奠立了秦國跨出函谷關，將六國各個擊破的基礎。

法國作家羅曼羅蘭曾說：「失敗可以鍛鍊出一批優秀的人物，它挑出一批心靈，使它們變得更純潔更強壯；但它也讓其餘的心靈加速墮落，或是斬斷它們飛躍的力量。」

失敗會引發人的無力感和挫折感，也會讓人消極地逃避現實，自我破壞，而步上毀滅的道路。但是，另一方面，失敗也是一個人力爭上游的動力，它所激發出的潛能和鬥志，足以讓人跨越極限，攀上生命巔峰。

厚臉皮智典

德國思想家尼采說：「最超越世俗的人，能穿越認識的迷宮，能在別人和自己毀滅的地方、受折磨的地方，找到自己想要的幸福。」

夢想破滅才是希望的開始

倘若你的「淘金」夢想破滅了，千萬不要過度失望，更不要沈浮於失敗的迷夢。應該把失敗當作「幸運的開端」，而不是「悲慘的結局」。

十九世紀中期，美國西部掀起一股淘金熱潮，大做「淘金夢」的人群從世界各地匯聚到此，一個名叫李維·史特文生的德國人，也千里迢迢跑到加利福尼亞州試運氣。

但是，李維·史特文生的運氣似乎相當背，儘管拼命淘金，幾個月下來卻沒有任何收穫，使他懊惱地認爲自己和金子沒緣分，準備離開加州，到別地另謀生路。就在他萬分沮喪之際，猛然發現一個現象，那就是所有淘金客的褲子都由於長期磨損而破舊不堪，於是，他靈機一動：「並不是非得靠淘金才能發財致富，賣褲子也行啊！」

李維立即將手邊剩下的錢買了一批褐色的帆布，然後裁製成一件件堅固耐用的褲子，賣給當地的淘金客，這就是世界第一批牛仔褲。後來，李維又細心將牛仔褲的質料、顏色加以改變，締造了風行全世界的「李維牛仔褲」。

美國著名漫畫家羅勃．李普年輕時熱衷體育運動，最大的夢想是成爲大聯盟職棒明星。可是，當他如願以償晉身大聯盟，第一次正式出賽就摔斷了右手臂，從此與棒球絕緣。

對羅勃．李普來說，這無異是人生最殘酷的打擊。然而，他很快就擺脫了失敗的噩夢，轉而學習運動漫畫，彌補自己的缺憾。李普抱著不能成爲棒球明星，便在報紙上畫運動漫畫的決心，最後終於成爲一流的漫畫家，以「信不信由你」專欄風靡全球。

後來，李普常常告訴朋友，自己在第一場比賽就摔斷右手臂，不是「悲慘的結局」，而是「幸運的開端」。

厚臉皮的人比較幸運

倘若你的「淘金」夢想破滅了，千萬不要過度失望，更不要沈浮於失敗的迷夢。你應該像羅勃．李普一樣，把失敗當作「幸運的開端」，而不是「悲慘的結局」，趕快樹立新的目標，打起精神再次挑戰，如此，才能在其他領域獲得最後的勝利。

當你在人生旅途嚐到失敗的苦果，千萬不要就此意志消沉，一蹶不振，應該更加警惕，勉勵自己樂觀豁達。因爲，那些讓你跌倒的絆腳石，也可能變成你邁向成功的墊腳石，端看你遭遇失敗挫折之後，如何面對往後的人生。

厚臉皮智典

哈洛德．尼科爾森說：「成功的訣竅就在於：把一切災難都當作小事，而不要把一切小事都當作災難。」

找出自己的獨特性

發揮你個人的特質，找到你的獨特性，不要過度模仿，唯有找出獨特的創意，你的人生才會有真正的生命力。

生活中，許多人的創意，其實都是從模仿開始，但是，到了一定階段，他們就會巧妙而靈活地創造出新的風格。如果你只會不斷地模仿，而無法創造個人的風格，那麼你永遠只是別人的影子，就別奢望能看見自己的天空。

國畫大師張大千回憶自己的人生歷練時，非常喜歡提及畢卡索對他的指點。

當年已經享有名氣的張大千，來到了巴黎舉辦個人畫展，特地邀請了畫壇奇才畢卡索前來指點。這時的畢卡索雖然已經是國際級的繪畫大師了，卻十分喜歡提攜後進，對一些年輕的畫家也特別照顧。

畢卡索應邀前來之後，只花了五分鐘沿著展覽大廳走了一圈，隨即便不聲不響地走出了大門。張大千望著大師的身影，感到非常意外，便快步地追了出去，畢恭畢敬地虛心向畢卡索請教。

畢卡索拍了拍張大千的肩膀，微笑地說：「牆上的畫都不錯，但是，卻沒有一張畫作是你的！」

張大千驚詫地說：「這個展覽大廳裡的每一幅畫，全都是我的作品啊！您怎麼會說沒有一張是我的呢？」

畢卡索看著張大千搖了搖頭，接著用手指在空中畫了一個大問號，便頭也不回地離開了。張大千頓時陷入了「大問號」的疑惑裡，經過一番思考，最後他終於搞懂了畢卡索的指點，更明白大師所說「沒有自己作品」的意思。

從此，張大千不再囿於前人和別人的創作方式，潛心研究出屬於自己的繪畫風格。由於他不斷尋找新的創作靈感，終於創造出獨特的藝術風格，成爲造詣高超的中國繪畫大師。

厚臉皮的人比較幸運

畢卡索的「問號」，點醒了年輕的張大千，讓他發現自己的缺陷，更讓他創造出屬於自己的繪畫風格。

生活中，我們當然可以找找前人的成功例子，當作自己的學習目標，減少失誤的機率，但是，在學習過程中也必須懂得創新，活出自己的風格，不能一輩子依樣畫葫蘆，活在別人的陰影之下。

畢卡索的問號，只有一個重點，那便是發揮你個人的特質，找到你的獨特性，不要過度模仿，唯有找出獨特的創意，你的人生才會有眞正的生命力。

厚臉皮智典

如果你搭乘的火車駛在錯誤的鐵路上，你所到達的每一個車站，都是錯誤的車站。

——伯納德．馬拉莫德

沒有慾望就沒有希望

想要在人生逆旅獲得成功，除了堅忍不拔的毅力之外，還必須具備雄心壯志，亦即龐大的慾望。沒有慾望，就沒有希望。

日本戰國英雄織田信長年少的時候，就擁有統一天下的龐大慾望，但是，由於平日言行離經叛道、荒誕無賴而視譏笑是「尾張大傻瓜」，織田家上下都認爲他是個扶不起的阿斗。

他的父親織田信秀去世之前，曾經一度和柴田勝家等重臣商議，打算廢立織田信長，由他的弟弟信行繼承藩位。織田信秀面色凝重地說出這項計劃，誰知織田信長竟然一臉無所謂的表情，蠻不在乎地說：「那又何妨？就讓信行繼承吧！反正我終究會憑著自己的實力，奪下所有我想要的城池。」

織田信長懾人的氣勢，讓織田信秀和衆家臣心裡一震，廢立的意念有點動搖，懷疑以前是否錯估他了。織田信秀問信長：「你的志向是什麼？」

信長哈哈大笑，揶揄地回答：「您說，我會成爲尾張大無賴終其一生，或者是成爲日本大英雄統一天下？」

織田信秀和家臣們一向以征服尾張八郡爲終極目標，從來沒夢想過統一日本，聽了織田信長石破天驚的狂言，內心震愕不已，個個呆若木雞，啞口無言，目不轉睛地重新打量眼前這個狂妄少年。

織田信長嚴肅地說：「以父親您的慾望和才能，充其量只能取得尾張一國。您有二十五個兒子，不管賢能愚劣，每個人都可以繼承一座城池。事實上，他們的慾望也僅止於此，每個人都打算固守自己的城池終老一生。但是，我不會滿足於當一城之主或一國之大名；我的野心是掌握全日本，號令天下。」

俄國作家謝德林曾經勉勵世人說：「不要陷入眼前的瑣事而不能自拔，而要在自己心中培養對未來的理想，因為理想是一種特殊的陽光，沒有陽光賦予生命作用，地球也會變成一顆石頭。」

織田信長擁有龐大的野心驅策，所以能從「大傻瓜」、「大無賴」變成「大英雄」，在日本戰國時代稱霸群雄。人生因爲慾望而充滿了機會，也因爲慾望而充滿了失望。當你擁有龐大的慾望，遭遇挫折的時候，才會將逆境視爲自我磨練的成長過程，最後才能像蝴蝶一樣破蛹而出。

想要在人生逆旅獲得成功，除了堅忍不拔的毅力之外，還必須具備雄心壯志，亦即龐大的慾望。記住，沒有慾望，你的人生就沒有希望。

厚臉皮智典

日本作家夏目漱石說：「建立自我就是以自我為依歸，而不隨俗浮沉，與世俯仰；不以眾人的意見為意見。如此，你將會看到過去認為的黑暗世界，其實是人間樂園。」

慾望可以擊潰「無敵艦隊」

> 如果你動輒抑制自己的慾望，那麼，你的人生和成長動力都會因而停頓，個性也會被扼殺。你的慾望一降低、減弱，也許就會變成消極懶散的人。

十六世紀末期，英國向海外推動殖民政策時，遭遇了海上霸權強國西班牙的強力阻撓。

當時，西班牙擁有一支縱橫七海的「無敵艦隊」，靠著船堅砲利在海上橫行無阻。英國想要構築「日不落帝國」的夢想，首先必須消滅「無敵艦隊」。

於是，英國女王下令：「不管用什麼方法，花多少經費，都必須徹底將無敵艦隊殲滅！」

「無敵艦隊」擁有一百二十八艘戰艦、殺人石彈砲二千四百三十門，水手兩萬多名，英國便處心積慮針對「無敵艦隊」的種種優點加以超越。

幾年之後，英國終於建造了一支擁有一百九十七艘戰艦、配帶六千五百門鐵砲的艦隊，正式向「無敵艦隊」宣戰。

經過一番窮追猛打，「無敵艦隊」終於被擊潰，成了歷史名詞，英國也順利取代西班牙，成爲不可一世的海上殖民霸權。

厚臉皮的人比較幸運

人類本來就是充滿慾望的動物，體內有無數的慾望激盪翻滾，譬如權慾、名慾、利慾、食慾、性慾、佔有慾、支配慾，想成爲偉人，想獲得成功，想過奢華的生活，想自由自在生活……

事實上，慾望就是人類動力的根源。

秦始皇併吞六國是慾望，項羽想取而代之也是慾望；孔子周遊列國推銷自己的仁道思想，又何嘗不是一種龐大的慾望？

當然，有些慾望和社會善良風氣不符，有些只是動物性的劣等情慾，但是，慾望既然是人類活力的泉源，我們就不應該以違反社會風氣爲由，輕易地禁止、壓抑，而是設法將這些慾望轉換或昇華爲更高的精神層次。

一旦喪失了慾望，人類極可能倒退回洪荒時代。

如果你動輒抑制自己的慾望，那麼，你的人生和成長的動力都會因而停頓，個性也會被扼殺。

你的慾望一旦降低、減弱，也許就會變成消極而懶散的庸人。

古書有言：「謂己薄名利，輕貲財，均假冒僞善者流。圖以己之高峻，責人之膚厚，實與吾輩相差不可以道里計。」意思是說，那些自稱慾望淡薄的人，其實都是既虛僞又怯懦的傢伙。他們責備別人的慾望太高、不切實際，而自命清高，只不過是藉此沽名釣譽罷了，和那些勇於表達慾望的人相比，他們的人品實在差得太遠了。

就像英國想取代西班牙成爲海上霸主、建造「日不落帝國」一樣，人應該擁有比自己現況更高、更遠大的慾望才行，同時，還應該去體認慾望本身的積極意義，這樣的人生才會持續散發出熱情和活力。

一般來說，出身貧寒的人，如果懷抱遠大志向，通常會爲了追求自己的慾望，在現實生活中力爭上游，最後功成名就；而大部分的紈褲子弟，則是缺乏遠大而正面的慾望，滿足於現狀，沉溺酒色財氣等低劣慾望之中，最後落得家破人亡。

厚臉皮智典

法國作家雨果說：「人生下來不是為了抱著鎖鏈，而是為了展開雙翼；我要幼蟲化成蝴蝶，我要蚯蚓變成活的花朵，而且飛舞起來。」

「慾望」左右人生的方向

慾望是邁向成功的入場券。不管你的慾望卑微或者偉大，它都將推促著你走向自己的人生。

二十世紀最偉大的發明家愛迪生之所以孜孜不倦於發明，原因在於他想坐享千萬財富，因此靠著自己的腦力和努力，不斷嘗試新的發明。

愛迪生曾經說，他「絕對不發明沒有商業價值的東西」。就是這股龐大的慾望，使得愛迪生「將美鈔和科學完全混和在一起」，成了讓全界都豎起大拇指的發明大王。

被日本人讚譽爲「醫聖」的野口英世曾經說過：「對我而言，求學問只是一項藉以揚名立萬的投機工作而已。要是我辛辛苦苦從事研究，但卻沒有獲得顯赫的聲譽，我一定會失望得自殺。」

研究學問，並不是野口英世眞正的理想，他所渴望的是成爲舉世聞名的偉人。他學醫的目的，並不是要拯救那些病痛纏身的人，而是要藉此滿足本身的名慾和優越感而已。他一生最大的願望是成爲「醫界的拿破崙」，也因此，最後他選擇了犧牲生命換取名聲。

厚臉皮的人比較幸運

歷史學家D．修姆說：「慾望是鞭策歷史演化的動力。」

一個人的慾望愈大，就會愈努力去學習，愈勤奮去實踐自己的夢想。從積極而正面的角度來說，只要不作姦犯科、違法亂紀、傷害別人，人類的慾望應該愈多愈大愈好。

如果你想成爲政治家，那麼，你必須先懷有參與政治的慾望，如果你鍾情於演藝生涯，就需先擁有做影歌星的慾望，如果你想成爲億萬富翁，就必須擁有貪得無饜的慾念。

只有一心想成爲作家的人，才會日以繼夜絞盡腦汁拼命寫作，也只有一心想成爲教育家的人，才可能安安分分從事教育工作，不會打著教育改革的旗號四處亂秀，希望藉此謀得一官半職。

慾望是邁向成功的入場券，不管你的慾望卑微或者偉大，它都將推促著你走向自己的人生。沒有慾望，人將失去奮鬥的方向，像無舵之舟隨波逐流，終致一事無成，黯黯淡淡渡過一生。

厚臉皮智典

德國哲學家叔本華說：「人生沒有任何真正的價值，只是由「需要」和「幻想」支使活動。這種運動一旦停止，生存的絕對荒蕪和空虛便表現出來。」

試著去做自己討厭做的事

某位知名的數學家曾經說過：「只要認真去做某件事，你一定會逐漸喜歡它。」試著去做自己不喜歡做的工作，或許你會漸漸喜歡上它也說不定。

曾經獲得芥川獎的日本作家森敦，成名之前是一個朝九晚五的上班族，在一家印刷公司任職，每天面對嘈雜的機械和糾纏不清的客戶，常常感到苦不堪言。但是，爲了家庭生計，他又不能率性辭去這份工作，只好勉強自己幹下去，混一天算一天。

森敦常常利用上司不注意的時候翹班，順手拿著公司印製的書籍溜到咖啡廳打發時間。久而久之，他竟然產生了濃厚閱讀興趣，繼而以自己從事圖書印製業爲榮，開始熱愛工作，立志印製最精美的雜誌、圖書。

後來，森敦更嘗試著寫作，利用上下班時間，在擁擠的列車上一點一滴寫下作品，終於一夕成名，晉身作家行列。

森敦成名之後並未辭去印刷公司職務，因爲他熱愛寫作，同時也熱愛自己的工作。這樣的結果，自然是當初對工作滿腹牢騷的森敦無法預知的。

厚臉皮的人比較幸運

千萬不要從事自己不喜歡的行業，因爲，面對不喜歡的事物，不管再怎麼努力，通常只能勉強持續一段時日，最後多半徒勞無功。雖然大家都知道這個道理，但是，現實人生未必能盡如人意，有的時候，不得不去做自己討厭的工作。

只有極少數工作狂會對自己的工作感興趣，絕大多數人，都會對每天一大早就得起床上班大發牢騷，尤其是寒風刺骨的冬天早晨，這種爲了五斗米折腰、無可奈何的心境，更加讓人沮喪，充滿挫折感。

強迫自己從事厭煩的工作，到頭來一定會懊惱不已，嚴重時甚至毀了自己。

可是，不去上班工作，生活經濟又會陷入立即而明顯的危機。

在這種情況之下，既不願承擔失業風險，又想好好發揮自己的能力，應當怎麼辦呢？這時，除了設法將厭惡轉變爲喜愛之外，再也沒有更好的方法了。

某位知名的數學家曾經這麼說過：「只要認真去做某件事，你一定會逐漸喜歡它。」

試著去做自己不喜歡做的功課，或是討厭的工作，或許你會漸漸喜歡上它也說不定。如果你想要在厭煩的工作上發揮自己的能力，不妨試試這個方法。

厚臉皮智典

印度詩人泰戈爾說：「危險、懷疑和否定之海，圍繞著人們小小島嶼，而信念則鞭策人，勇敢面對未知的前途。」

你也可以發揮神奇的念力

為何不從現在起，在自己的心中凝聚一股積極的念力，讓生命轉個彎，幫助自己走上成功的道路呢？

人的生命可以無比堅強，使精神層次的影響力綿亙好幾世紀；人的生命也可以無比脆弱，轉眼之間就灰飛煙滅。

長年在非洲蠻荒地區行醫的史懷哲博士，就曾經親眼目睹過許多莫名其妙瞬間暴斃的例子，以下便是其中一則眞實的故事。

非洲某些部落沿襲著一種神秘的習俗——孕婦生產的時候，一定要讓她喝得醉醺醺，然後記下她在神智恍惚狀態中所說的話；不管她說的是什麼，都將成爲誕生嬰兒日後的禁忌。嬰兒長大成人之後，一旦觸犯了自己與生俱來「宿命」的禁忌，必定會「遭到天譴」，暴斃而亡。

有一個土著將別人剛煮過香蕉的鍋子拿來煮其他食物吃。當時，並未發生任何異狀。不料，幾個小時後，這個土著得知鍋子剛剛才煮過香蕉，並未清洗乾淨，臉色立刻一陣慘白，全身不住痙攣，不久就一命歸陰。

原來，這個土著的禁忌就是吃香蕉。由於「絕對不可以吃香蕉」的禁忌長年深植在他腦中，因此一得知自己無意間觸犯了「致命的禁忌」，便心生恐懼而暴斃。

厚臉皮的人比較幸運

這個例子，不難看出暗示的力量有可多麼可怕！

美國短跑女將喬依娜曾經在漢城奧運會中大放異彩，在一百公尺賽跑中締造十秒四九的世界紀錄，令其他各國短跑女將望塵莫及。她面對媒體記者暢談自己的成功秘訣時說：「我的成就，除了靠不斷努力之外，還靠神奇的念力。」

喬依娜說，每次比賽之前，她都會閉上眼睛禱告，並且用「精神顯像法」進行自我暗示。

她說：「我在自己的腦海中，想像一幕幕賽跑的畫面，並且想像自己總是跑在最前面，把對手遠遠拋在後頭。」

「暗示」是一種神奇的念力，能夠使身陷絕境的人產生無比堅韌的求生意志，也能輕而易舉置健康、正常的人於死地，威力之強大，不容我們忽視。

心理的疾病往往比生理方面的疾病更具摧毀力，但是，只要透過「精神顯像法」，就能像喬依娜看到自己的最佳狀態，進而改變自己的人生。

爲何不從現在起，在自己的心中凝聚一股積極的念力，讓生命轉個彎，幫助自己走上成功的道路呢？

厚臉皮智典

英國作家托．富勒說：「人的腦袋有時候那麼小，小得連容納智慧的地方都沒有；有時又那麼大，大得盡是空地而沒有智慧。」

3.
PART

你確定自己「盡力」了嗎？

所謂的「盡力」，是盡到了哪種程度的力呢？
是不是「盡力」之後，就連吃飯、走路也使不出力氣了呢？
如果不是如此，怎麼能說自己已經盡力了呢？

勇氣，讓你戰勝強敵

> 印尼有一句諺語說：「不能下定決心出海的人，必然無法越過驚濤駭浪。」
> 如果你已經設定了人生的目標，就應該以高昂的鬥志奮發向前。

鄧拓曾說：「越是有本領的人，臉皮越是比平常人要厚。」

確實如此，因爲機會常常留給臉皮厚的人，臉皮比別人厚一點，機會就會比別人多一點。

厚臉皮有時雖然會讓人感到不屑，卻是每個想要成功的人，不得不具備的一項競爭利器。

一八九九年，南非爆發了波爾戰爭，當時邱吉爾以戰地記者的身分前往南非採訪，卻不幸與一隊英國士兵同時被波爾軍俘擄入獄。

邱吉爾非常生氣，認爲自己是戰地記者，不應該受到這種待遇，於是從獄中寫信向南非的史沫賓元帥求救。

史沫賓元帥接信之後，便循正常程序要營救他出獄，誰知道法律手續還沒完成，邱吉爾已經越獄逃跑了，遭到波爾軍全面通緝。

多年後，在一次國際宴會上，已經貴爲英國首相的邱吉爾遇見史沫賓，談起這段往事時說：「假如你當時辦事的效率沒那麼慢，我可能會損失九千英鎊。」

史沫賓大惑不解，邱吉爾告訴他：「我冒著生命危險逃回英國後，寫了一篇逃獄記，賣了九千英磅。」

事實上，這篇逃獄記刊登之後，不但使邱吉爾躍爲英國的國家英雄，也使他年僅廿六歲就當選國會議員。

成吉思汗以一個小汗國之主，先後滅了金國和南宋，繼而締造了橫跨歐亞的蒙古帝國；努爾哈赤憑著祖先遺留的十三副盔甲統一女真族，奠立滿清併吞中國的基礎，憑靠的都是旺盛、令人不寒而慄的勇氣。

面臨敵眾我寡的情形時，只有抱著必死的決心，硬著頭皮勇往直前，才能戰勝強敵。若是見到敵軍軍容壯大就未戰先寒，必定難逃失敗的厄運。

戰爭和運動比賽如此，現實的人生又何嘗不是這樣呢？

遭遇重大障礙的時候，只有憑著堅毅不撓的勇氣，才能克服障礙，繼續往前邁進。

勇氣，可說是人生成敗的一大關鍵。

有許多人非常有才幹，卻無法充分發揮自己的能量，以致在競爭激烈的社會中慘遭淘汰、失敗，最主要的原因，就在於本身缺乏旺盛的勇氣，以及必勝的覺悟。

如果你已經設定了人生的目標，就應該以高昂的鬥志奮發向前，朝著終極目標努力邁進，千萬不要再懷疑：「我是否適合這麼做？」或「我能夠做好嗎？」

西班牙大作家塞萬提斯在《唐．吉訶德》裡說：「勇敢的人開鑿自己的命運之路，每一個人都是自己命運的開拓者。」

在苦海人生漂泊的你，也應該下定決心，以昂揚的士氣主動出擊，跨出邁向成功的第一步。

厚臉皮智典

英國作家富勒說：「如果你太幸運，你就不會認識自己；如果你太不走運，那就誰也不會認識你。」

你確定自己「盡力」了嗎？

所謂的「盡力」，是盡到了哪種程度的力呢？是不是「盡力」之後，就連吃飯、走路也使不出力氣了呢？如果不是如此，怎麼能說自己已經盡力了呢？

某位著名的法學家有一次在大學授課時提到：「當你爲一個案子辯護的時候必須盡心盡力，如果你掌握了有利的人證物證，就緊抓著事實去攻擊對方；如果你掌握了有利的條文，就用法律攻擊對方。」

這時，一個學生突然發問：「如果既沒有有利的事實，也沒有有利的法律條文，應該怎麼辦？」

這位法學家想了一下說：「即使碰到這種最糟糕的情況，你還是要理直氣壯，儘量用力拍桌子。」

厚臉皮的人比較幸運

「實在是因爲實力不如對方才會失敗。雖然輸了，可是我們也已經盡力了。」我們經常可以聽到失敗的人這麼自圓其說。

然而，這只是一個不負責任的藉口而已。

所謂的「盡力」，是盡到了哪種程度的力呢？是不是「盡力」之後，就連吃飯、走路也使不出力氣了呢？

如果不是如此，怎麼能說自己已經盡力了呢？

所謂的「盡力」，是否意味著你已經絞盡腦汁、用盡才華，發揮了所有潛能，動用了所有可以利用的人力、物力？

如果不是，怎麼能說自己盡力了呢？

不論對手是誰，不論有什麼理由，人生的意義就是拼命爭取勝利。或許有人認爲這未免太冷酷無情，但，這正是成王敗寇的人類世界最眞實的一面；競爭激烈的現代社會就是這般殘酷！

人生應該以勝利作爲最終目的，對於勝利必須有強烈的渴望。

德國大音樂家貝多芬說：「在困厄顛沛的時候能堅定不移，這就是一個真正令人欽佩的人的不凡之處。」

遭遇緊要關頭，絕對不可以鬆懈，必須想盡辦法、拼盡全力衝破難關。一旦你穿過了這道瓶頸，前程就會豁然開朗，進入另一個光明燦爛、無比順暢的人生階段。

厚臉皮智典

英國作家蒲柏：「誰以為命運女神不會改變主意，誰就會被世人所恥笑。」

信念，會讓情勢轉變

雙方形成拉鋸，勝負難分的時候，如果你在最緊要的關頭軟化、妥協了，就註定要嚐到失敗的滋味。

三菱公司創始人岩崎彌太郎處理危機的能力，值得後人學習。

明治初年，他擔任土佐藩行政長官，同時，也經營了往來東京、神戶與大阪之間的海路運輸。後來，明治天皇立憲維新，下令廢藩設縣，三井公司也在政府扶持下創立「郵電蒸汽船公司」，和岩崎彌太郎的海路運輸展開激烈競爭。

三井是一家官民聯營的公司，挾著龐大的政經勢力來勢洶洶，頗令岩崎的三菱公司招架不住。三井公司背後有政府雄厚的財力作後盾，爲了招徠顧客，有恃無恐地不斷降低旅運費，最後，甚至不計血本免費載運乘客。這種做法，無非想把三菱徹底消滅，使岩崎永遠無法再與三井對抗。

當時，海運業的利潤原本就不高，在對手存心惡性競爭的情況下，更加無利可圖。可是，面對生死存亡的激烈鬥爭，岩崎彌太郎卻選擇咬緊牙關，硬著頭皮接受挑戰。

他認爲，海運終究是國家不可缺少的一環，極具光明遠景，因此，儘管三菱面對三井的猛烈攻擊，已經瀕臨崩潰階段，他仍然奮戰不懈，竭精殫慮地尋找破解之道。

三井公司是一個半官半民的組合，在辦事、服務態度上，不免流露出官僚習氣。岩崎看準對方這一環缺點，嚴格要求員工厲行「乘客至上」的營業信條，加強服務品質。

他將全副精神放在經營事業上，終於使自己安然渡過難關，同時，更樹立了他在海運界屹立不搖的地位。

岩崎彌太郎率領三菱擊敗三井的故事告訴我們，征服命運的，常常是那些擁有堅定信念，不甘等待機遇恩賜的人。

美國著名的牧師烈特．羅勃林說：「信念可以使人變強，懷疑會麻痺人的活力，所以，人的信念就是力量。」

雙方形成拉鋸戰，勝負難分的時候，如果你在最緊要的關頭喪失贏的信念，軟化、妥協了，就註定要嚐到失敗的滋味。

在競爭萬分激烈的現代社會，不論從事什麼行業，「堅定信念」都是一個顛撲不破的勝利方程式，不管敵人多麼頑強，每個人都必須具備求勝的精神，才能在自己專精的領域出類拔萃。

厚臉皮智典

英國詩人布萊克：「只要你能把機會抓牢，就不用擦拭悔恨的眼淚；然而，一旦你坐失良機，就永遠也擦不完那傷心的眼淚。」

如何在緊要關頭擊敗對手

人要有積極求勝的精神。無論是個人與個人的決鬥，或是國與國的戰爭，都要以爭取勝利作為第一目標。

織田信長在本能寺遭明智光秀弒殺之時，豐臣秀吉正率領著部下水攻高松城，並與前來救援的三萬名毛利軍周旋。

他一聽到主公遇刺的噩耗，不禁跌坐在地上搥胸痛哭。因爲他深知，一向寵信自己的織田信長一死，他的前程也岌岌可危。另外，一旦毛利軍獲知織田信長的死訊，士氣必然大振，立即會轉守爲攻；此時即使撤退，也會遭到毛利軍和其他諸侯包抄夾擊。

豐臣秀吉處於進退兩難的險惡困境，行事稍有不慎，便會招致全軍覆沒的命運。對他來說，當時無異是生死一瞬的緊要關頭，無論如何都必須盡全力克服，不能有半點疏忽。

爲了不讓毛利軍知道織田信長的死訊，他在水旱兩路遍設關卡，嚴防密探傳遞訊息。另一方面，他也積極與毛利軍斡旋，免得敵人心生疑竇。最後，他故意表現得寬大，向毛利軍表示只要高松城主切腹自殺，他就立刻撤兵，不再追究。

毛利軍同意這個條件，雙方訂定和約之後，豐臣秀吉隨即像旋風一般演出「中國大撤退」，兩天之後，他就回到姬路城整編隊伍。距離撤軍僅一週，他便與明智光秀在山崎展開大戰；只不過一天一夜的時間，他就將叛軍全部殲滅，替織田信長報了大仇。之後，他又周旋在各路諸侯之間，與他們訂定協約。

在驚濤駭浪之中，豐臣秀吉不眠不休努力，終於闖過險關。

厚臉皮的人比較幸運

美國女作家哈蜜爾曾經寫道：「進退維谷、四面楚歌的時候，常常使人感到

心灰意冷，片刻也無法支持，但是千萬別放手，因為情勢的轉變，正是從此時開始。」

日本知名的「決鬥者」宮本武藏在《五輪書》中則寫道：「我認為武士和一般百姓最大的不同，就在於積極求勝的精神。無論是個人與個人的決鬥，或是國與國的戰爭，都要以爭取勝利作為第一目標。」

這段話強調，想成功就應該培養自己積極求勝的心理。

人人都是自己命運的建築師，唯有充滿勇氣主宰命運的人，最後才會是成功的英雄。不要猶豫、畏懼，不管等待著你的是什麼樣的命運，都要厚著臉皮、硬著頭皮，勇敢地迎向它，充滿求勝的精神向前邁進。

厚臉皮智典

作家威廉．亞歷山大在《曙光女神》裡說：「儘管我與命運之光相距遙遠，但我也許會登上命運最高的極頂。」

士氣，會改變你的運氣

有了士氣，就會有運氣。士氣高昂，不僅能將十分的實力發揮得淋漓盡致，有時更可能會有十二分、十三分……的超強演出。

美國著名的心理學家威廉．詹姆斯曾說，一般人只發揮了本身百分之十的潛在能力。他強調說：「每個人只醒了一半，對身心兩方面的能力，只使用了很小的一部分。」

其實，每個人都具有不同的能力，但往往欠缺信心，不懂得怎麼激發自己的士氣。

德川家康六歲就被帶到駿府當人質。剛到駿府不久，適逢安倍河畔舉行一場擲石大戰，一位侍衛便背著他前去觀看。

擲石大戰是駿府當地小孩的戰爭遊戲，以安倍河爲界分爲兩隊，互相扔擲石頭。當時，河的一邊有兩百多人，另一邊只有一百人左右，雙方的石塊如雨點一般飛來飛去。

所有觀戰的人都認爲，這是一場實力懸殊的比賽，百人隊必定會失敗。可是，擠在人群中的德川家康卻不以爲然，指著河對岸說：「人少的那隊會贏。」

背他的侍衛笑著說：「少爺，你眞愛說笑，這邊的人數是對面的兩倍多，怎麼可能會輸呢？」

德川家康搖著頭，堅決地說：「不，這邊一定會輸。」

德川家康預測得一點都沒錯，原先形勢不利的百人隊，忍受著石塊襲擊，加快動作拼命反攻。不久之後，人多的一隊見對方愈戰愈勇、瘋狂回擊，士氣逐漸渙散，又見到己方不少人被石塊砸得頭破血流，更加心慌意亂，開始有人開溜，最後終於一哄而散。

事後，侍衛覺得非常奇怪，便問德川家康：「少爺，你怎麼能預先知道這場擲石大戰的結果呢？」

德川家康回答道：「我是從士氣的強弱來判斷的。人多的一方自以爲人數超出對方一倍多，可以輕輕鬆鬆獲勝，心理就鬆懈下來。人數較少的一隊則有如背水一戰，必須在死地求生存。因此，心理防衛非常嚴密，扔石塊的節奏也相當快。其實，一場戰爭的勝利與否，主要的因素不在於人數多寡，而在士氣高低。」

侍衛聽了他的分析，不禁讚佩他智慧過人。

厚臉皮的人比較幸運

《孫子兵法》說：「激水之疾，至於漂石者，勢也。」

孫子強調，激流會將巨大的岩石沖走，是因爲水勢太強的緣故；相同的，充滿了旺盛士氣的軍隊，也能夠像激流一樣，瞬間將攻擊力完全爆發出來，徹底將敵人消滅。

因此，勝負的關鍵在於士氣，而不在於軍隊人數多寡。當軍隊士氣如虹，攻擊敵人的力量就會如猛烈洪水，再強悍的敵人也難以抵擋。

孫子認爲，能夠激發軍隊士氣的將領，才稱得上出色的將領。

士氣的確非常重要；有了士氣，就會有運氣。

缺乏士氣的軍隊，即使有十分實力，也只能發揮五分。相反的，如果士氣高昂，不僅能將十分的實力發揮得淋漓盡致，有時更可能會有十二分、十三分……的超強演出。

去吧！像個充滿戰鬥意志的士兵，在人生戰場上勇敢面對種種困苦與艱難，充分展現你的士氣和必勝的決心吧！

厚臉皮智典

幽默作家蕭伯納：「一個如果不到最高峰，他就沒有片刻的安寧，他也不會感到生命的恬靜的光榮。」

你有「破釜沉舟」的勇氣嗎？

置之死地而後生，將自己的退路截斷，就會激勵出高昂的士氣。項羽率江東勁旅渡越長江之後，下令「破釜沉舟」，就是運用這個原理。

生命中的逆境處處可見，我們唯一能做的，就是充滿信心面對。正如戴爾・卡耐基所說的：「當命運交給我們一個檸檬的時候，試著去做一杯檸檬水。」

一個人能不能成功，往往表現在面對各種不同環境的適應能力，只要敢硬著頭皮面對，勇於展現自己的能力，那麼無論遭遇什麼困境，都會是通往成功、幸福的途徑。

織田信長率軍攻打近江城時，命令麾下頭號勇將柴田勝家率八百名士兵固守長光寺城。

當時，攻打長光寺城的敵軍有八千人，雙方戰力十分懸殊，柴田勝家只得下令緊閉城門，等待織田信長回師救援。

敵軍見柴田勝家不肯出城迎戰，便將長光寺城重重包圍，並截斷水源。城中百姓陷入恐慌之中，不僅沒有水洗臉、煮飯，就連飲水也限制供應，士兵們也個個精神萎靡，士氣不振。

柴田勝家心想，再這樣下去，恐怕撐不到織田信長援軍回防，長光寺城就已淪陷。於是，他痛下決心，要與敵人決一死戰。

某天黃昏，柴田勝家集合所有士兵，並且命人抬來三大缸水，下令每個人都大喝一口。等到大家都喝過水之後，他奮力敲破水缸，讓剩下的水流滲到地面。

接著，他慷慨激昂地訓勉士兵：「我們繼續困在城中等待援軍，遲早會缺水而渴死。我們出城作戰，面對十倍於我軍的強敵，也可能會被殲滅而身亡。既然前進是死，龜縮也是死，那麼，我們何不出城決一死戰，死得轟轟烈烈？」

兵士們激動得大聲吶喊，原本乾渴衰弱的身體，剎那間湧出充沛的決戰士氣。

柴田勝家一聲令下，八百名士兵爭先恐後出城殺敵。這種瘋狂的自殺式打法，使得原本團團圍住長光寺城的敵軍心生畏懼，紛紛閃躲走避，最後潰不成軍。

柴田勝家以八百士兵擊垮八千敵軍，事後贏得了「破缸將軍」的雅號。

厚臉皮的人比較幸運

春秋時代，曹劌論戰曾說過「一鼓作氣，再而衰，三而竭」的至理名言；意思是說，戰爭的時候，如果不能發揮旺盛士氣一舉將敵人擊潰，己方的士氣便會逐漸衰竭，導致形勢逆轉而遭到失敗的命運。

那麼，要如何才能激勵士氣呢？

《孫子兵法》說，淚勵士氣的方法是：「投之亡地而後存，陷之死地而後生。夫眾陷於害，然後能為勝敗。」

意思是說，率軍深入敵陣之中，置之死地，讓兵士們退無可退，逃無可逃。

在這種情形之下，除了拼命殺敵，再也沒有其他的方法可以脫困。如此一來，士兵們就會爲了求生而奮勇殺敵。

　　的確，置之死地而後生，勇敢地將自己的退路截斷，就會激勵出高昂的士氣。項羽率江東勁旅渡越長江之後，下令「破釜沉舟」，就是運用這個原理。

　　德川家康麾下的三河軍團每每發揮高昂的士氣和戰鬥力，也是由於他們經常被迫擔任先鋒部隊，在退無可退的情況下，爲了保住自己的生命，不得不奮勇殺敵。

厚臉皮智典

歌德在《格言和感想集》裡說：「只有具備真才實學，既了解自己的力量，又善於適當而謹慎地使用自己力量的人，才能在世俗事物中獲得成功。」

衝過人生的轉捩點

每個人的一生，都會遭遇無數次轉折，如果站在人生的轉捩點上，你的心境焦躁不安，即使轉敗為勝的契機到來，你也無法發覺，無法善加把握。

前重量級拳王阿里說：「從事拳擊運動一定要有自己的節拍。」

另一位拳王李斯頓則不以爲然嗤笑：「我一定會以兩記右勾拳，狠狠打在阿里的節拍上。」

後來，兩人比賽結果，李斯頓倒了下去。他被阿里蛾飛蝶舞般的快速節拍，整得暈頭轉向，毫無招架餘地。

就像音樂、舞蹈一樣，任何事情都有節拍存在，只是平常我們很少注意。

沈先生曾經是泡沫經濟時代崛起一位企業鉅子，不惑之年就成爲人人欣羨的億萬富翁，過著窮極奢華的生活。

在經濟快速起飛、金錢遊戲盛行的年代，他抓住每一個有利可圖的商機蠶食鯨吞，事業如旭日東升般蓬勃發展。

但是，當他雄心萬丈向海外地區擴展業務的時候，公司營運節拍開始混亂，各地職員之間爆發生了許多利益糾紛，高層幹部捲款潛逃，公司董事爭權奪利、勾心鬥角，公司信譽一落千丈，發生財務危機。

在這種緊要關頭，他應該沉著忍耐，放慢營運步調，努力回復正常。但是，他過於心浮氣躁，急於扳回頹勢，擬定了更龐大的投資計劃，在盲目冒進擴充之下，公司的財務危機如滾雪球一般遽增。

由於本身行事節奏已經紊亂，加上全球經濟不景氣衝擊，他所有的投資計劃全部失敗，成了一個暴起暴落的流星企業家。

節拍也可以稱爲節奏或步調。處理事情，如果掌握了其中的節奏，便可以順利完成，反之，便會因爲步調錯亂而陷入困境。

以人的一生爲例，不管是榮華富貴、飛黃騰達，或是前途乖舛、落魄潦倒，都有一定的節拍存在。只要你能掌握自己每個階段的生活節奏，富貴之時便可以持盈保泰，落魄之際也可以鹹魚翻身。

一流的人物遭遇危急情勢，表現往往比平常人沉穩多了。陷入步調混亂之時，不論外界如何嘲笑奚落，他們都會盡其所能地掌控自己的行事節奏，力求反敗爲勝。

一個人陷入生活困局或工作低潮時，應該摒除一切雜念，重新調整自己的節奏，絕不要因此而自暴自棄或冒險躁進，將自己推向毀滅的絕境。

萬一你也在現實生活中陷入節奏混亂的困局，應該忍耐短暫的磨難與痛苦，調整自己的心態和步伐，等待轉機的來臨。

千萬不要焦慮急躁，愈焦慮急躁就會陷得愈深，愈不可自拔。切記，平心靜氣才是治療混亂的特效藥。

每個人的一生，都會遭遇無數次轉折，如果站在人生的轉捩點上，你的心境焦躁不安、忐忑反覆，即使轉敗爲勝的契機到來，你也無法發覺，無法善加把握。

厚臉皮智典

阿根廷作家斯托尼：「想要取得成功，就得順應潮流，切不可不知變通地逆流而動。」

如何掌握成功的節奏

節奏，在人生中佔有相當重要的地位。面對強勁的敵人或是棘手的事務，只要你能洞悉，並且掌握彼此的節奏，便能獲得最後的勝利。

節奏，在人生中佔有相當重要的地位。

面對強勁的敵人或是棘手的事務，只要能洞悉，並且掌握彼此的節奏，便能獲得最後的勝利。

宮本武藏一生中與人決鬥過六十多次，從未被擊敗過，其中有幾次重要的決戰，都是利用節拍的奧妙獲得勝利。

宮本武藏二十一歲那年，到京都向吉岡清十郎挑戰。決鬥之前，他詳細調查了對方的習慣與性格。爲了擾亂對方的節拍，他故意遲到許久，使得清十郎在等待過程中情緒浮躁。另外，吉岡清十郎使用眞刀，宮本武藏卻完全不把這次決鬥當一回事般，故意漫不經心地拖著木刀，輕鬆地走到他的面前。

這種怪異的舉動令清十郎百思不解，節拍爲之混亂。最後，宮本武藏當然獲得勝利。

後來，宮本武藏和佐佐木小次郎、東軍流的三宅軍兵衛交手時，也都利用各種方法，擾亂對方節拍而獲得勝利。

厚臉皮的人比較幸運

宮本武藏曾經說過：「與敵人作戰的時候，必須先洞悉敵人的節奏，然後，擾亂對方的節奏，最後再採取敵人意想不到的節奏對付他。」

因此，儘量不要使自己的節拍與敵人一致，否則就容易給對方可乘之機。

古時候，高明的捕鳥專家要捕捉棲停在枝頭的小鳥，總是遠遠就高舉帶網的竹桿讓鳥兒看見，然後以固定而緩慢的節奏左右搖晃，並且一步一步慢慢接近牠，最後，出其不意以迅速的動作將鳥兒捕捉。

其中的奧妙在於，鳥兒遠遠看見竹桿以固定拍子左右晃動，心裡也會以相同的拍子回應。當牠驚覺竹桿的拍子突然變快，準備振翅飛離時，已經來不及了。

同樣的，與敵人對陣之時，唯有採取與他截然不同的拍子應戰，才可以制敵獲勝。如果你的節奏與敵人相同，一旦敵人改變節奏，你就會慌張失措而落敗。

受到料想不到的節拍攻擊，再沉著穩定的人，也不免會因爲感到吃驚而手忙腳亂。

擾亂對方的節奏再趁機加以攻擊，這種作戰方法普遍運用在職業運動比賽，尤其是棒球比賽更是屢見不鮮，常常可以看到落後的一方想盡辦法要擾亂對方投手或打擊者的節奏，甚至不惜故意挑起事端，製造混亂。

在這方面，一流人物的表現都極爲高明。知名的圍棋高手吳清源、林海峰挑戰強敵時，也慣常使用這種方式。他們經常賽前調查對方的個性和習慣，在比賽中加以利用，譬如常常突然改變自己的下棋方式，或者利用長考來擾亂對方的下棋節奏，使對方陷於混亂，然後一舉將他擊垮。

日本相撲界名人「橫綱」貴乃花，爲了彌補體力不足的缺陷，特意在節奏方面費了相當多工夫。

比賽一開始，他會儘量搶奪先機，以自己的節奏猛烈攻擊對手，絲毫不給對方喘息的時間。若是對方搶得攻擊的先機，他就盡力忍耐，伺機擾亂對方的節奏，然後再以自己的節奏攻擊他。

個人與團隊比賽如此，人生也不例外。一個人的人生節奏如果亂了，絕對無法贏得最後的勝利。

厚臉皮智典

拿破崙：「世上只有兩種力量，一種是劍，另一種是思想，而思想最終總是戰勝劍。」

用巧思創造雙贏

只要管理有方，所謂的社會效益與經濟利益就能並存，正如這家觀光飯店的「紀念樹」規劃，兼具了建設與行銷。

我們經常會在許多旅遊區裡，發現缺乏公德心的遊客們，在樹上刻下自己的名字作爲紀念。

但是，怎麼沒有人想到，開闢一個能夠讓遊客們種植紀念樹的區域呢？這不僅能解決遊客們的破壞行爲，還能建立起人們對自然環境的尊重。

日本鹿兒島有一間著名的觀光飯店，曾經別出心裁地推出「紀念樹」，而使得生意興隆。

這家飯店剛建成時，臨近有一片光禿禿的山坡地，老闆幾經思考與設計後，決定將它規劃成一座小型休閒公園，打算在裡頭種滿花草樹木，以便美化環境。

但是，由於工人們的薪資很高，加上整地、植樹也需要一筆資金，因而這項計劃一直被擱置著，遲遲沒有動工。

有一天，飯店的西村經理，突然想出了一個不必花錢的妙招。

西村先生在飯店前貼出了一張題目的告示，上面寫著：「親愛的旅客，如果您想在此地留下永久的紀念，可以到後山上，種植一株新婚或旅遊的紀念樹，我們只酌收樹苗的成本費。您還可以將自己和親友的姓名，刻在我們免費提供的木牌上，然後立在您親手種植的樹苗身旁，讓您的情誼和樹苗一起茁壯、成長。」

觀光客看到這則告示之後，每個人都非常感興趣，認爲這要比購買紀念品來得有意義多了。

於是，大家紛紛在這裡植下了樹苗，不久之後，山坡地上種滿了各種樹苗，渡蜜月的新婚夫妻，合種下甜蜜的「同心樹」，學生們種下了「友誼之樹」，一家人則種下了「合家歡」的紀念樹……等等。

每一個到此地遊玩的旅客，爲了留下美麗的記憶，個個都非常熱情地參與這項植樹活動。

幾年後，原本光禿禿的山坡地變得綠意盎然、萬紫千紅，飯店不僅從植樹的費用中，獲得了不少經濟效益，更因爲旅客們對自己親手植下的樹苗，有著幾分情感，還會經常回飯店旅遊、居住，爲飯店的永續經營也奠下了基礎，可說是一舉數得。

厚臉皮的人比較幸運

廣告學專家威廉．柏恩拜克曾說：「一個創意變成垃圾或是魔法，取決於使用它的人的天分。」

想要晉身人生勝利組，就必須充滿創意，不畏艱難挫折，厚著臉皮堅定向目標挺進。無論性格的強化、心境的調整、能力的提升、經驗的累積、人脈的增長、競爭優勢的確立……都是成功必備的要素。

除此之外，更必須講究商業手段，以及具備應有的敏銳度。

這家旅館推出的「紀念樹」，不僅輕鬆解決山坡地綠化的經費問題，同時也是很有環保概念的創意。

只要管理有方，所謂的社會效益與經濟利益就能並存，正如這家觀光飯店的「紀念樹」規劃，兼具了建設與行銷。

所以，只要別具巧思，雙腳踩踏的都會是邁向成功、永續經營的未來。

厚臉皮智典

遭受巨大壓力或不幸時，最好讓自己忙起來，把你的憤怒和精力用在最有幫助的事情上。

——企業經理人李·艾科卡

4.
PART

不要當高人一等的蠢蛋

要讓一個傲慢的人看清自己的嘴臉，是件困難的事，
因為這種人往往受習慣性的想法擺佈，
總是認為自己高人一等，殊不知在別人眼中只不過是個蠢蛋。

不要當高人一等的蠢蛋

要讓一個傲慢的人看清自己的嘴臉，是件困難的事，因為這種人往往受習慣性的想法擺佈，總是認為自己高人一等，殊不知在別人眼中只不過是個蠢蛋。

要讓一個傲慢的人看清自己的嘴臉，是件困難的事，因爲這種人往往受習慣性的想法擺佈，總是認爲自己高人一等，殊不知在別人眼中只不過是個蠢蛋。

德國大哲學家兼詩人歌德有一天到公園散步，走在一條僅能容一個人行走的步道上，突然見到一個他不喜歡的評論家迎面而來。

這個評論家常常惡意攻擊歌德，他走近歌德之後，趾高氣昂地對他說：「你聽好，我是從來不讓路給蠢蛋的！」

歌德聽了，莞爾一笑：「喔，我的習慣恰好和你相反。」

說完，歌德便退到路旁的草地上，悠閒地看著這名傲慢的評論家神情尷尬地匆忙離去。

厚臉皮的人比較幸運

岩崎彌太郎出身舊式武士階級，下定決心創立三菱公司（Mitsubishi）的時候，規定員工不可穿著華麗服飾到公司，此外，上班期間，每個人都要穿上工作裙。

他認爲，既然立志要當商人，就得徹底拋棄武士階級高傲的觀念，否則必然無法成功。

當時，三菱公司的幹部，絕大部分是武士出身，對於公司訂下這種規定，曾經激烈表示反對。他們認爲，圍上工作裙，對於身爲武士的自己無異是一種侮辱。

可是，岩崎彌太郎堅持貫徹自己的主張，不願收回成命。

有一個部下，對穿著工作裙招待客戶，表現得非常難爲情。

岩崎彌太郎把他叫進辦公室，拿出一把扇子，對他說：「這一把扇子送你，你覺得彆扭的時候，就拿出來看看。」

岩崎彌太郎在扇骨黏上一枚金幣，繼續說道：「你認爲自己是在向客戶鞠躬，心裡當然會感覺不舒服，可是，如果你把它想成自己是在向這枚金幣鞠躬，心情也許就會好多了。」

圍裙和扇子的精神，是三菱公司成功的重要因素。如果在草創初期，他們仍然拘泥於武士的身分，放不下身段、拉不下臉皮，不願穿上工作裙，不願向客戶彎腰鞠躬，那麼，三菱早就完蛋了，不可能有今日龐大的規模。

記住，千萬不要自認爲高人一等，否則，你在別人的眼中就會變成「高人一等的蠢蛋」。

厚臉皮智典

美國田園作家梭羅說：「今天人們交口稱道的真理，明天，也許會變成荒謬的錯誤。」

何必在乎別人怎麼說

想要成就轟轟烈烈的事業，必須充實自己內涵，跳脫虛榮的泥沼；只有欠缺信心，沒有實力的人才會斤斤計較形式上的虛榮。

法國著名的短篇小說作家莫泊桑，有一次爲了要在小說中描述被人狠狠踢一腳的感覺，而大傷腦筋，因爲，他並沒有被人踢過的經驗。

絞盡腦汁之後，他終於放棄，走到街上對一個蹲在路旁的乞丐說：「拜託你狠狠踢我一腳，好不好？」

乞丐打量了他一會，以爲他是神經病，沒好氣地揮揮手：「快滾開，別妨礙我工作！」

莫泊桑不死心，從口袋掏出鈔票說：「我付錢給你總可以吧！拜託你一定要用力踢！」乞丐眉開眼笑收了錢，狠狠往莫泊桑的屁股踹一腳；莫泊桑痛得大叫一聲，連忙跑回屋裡寫作。

想要獲得人生中的某些寶貴經驗，往往必須實際去親身經歷。

日本知名的大企業家出光佐三從神戶高商畢業之後，出乎衆人意料地到一家小雜貨店當學徒。

以當時神戶地區的水準，只要能從一流高級商業學校畢業，一定可以在大企業、大公司找到好工作。同學們看見他竟然放棄體面的高薪工作，跑去雜貨店當學徒，吃驚之餘對他百般嘲弄。許多同學甚至對他說：「你使學校的名聲掃地……」

但是，出光佐三並不在乎別人的說法，每天認眞學習經商的技巧，汗流浹背地勤奮工作。他認爲，將來要獨當一面，開創一番事業，就必須從最基層的學徒開始幹起，才能了解每個環節的訣竅，因此放下了著名商校畢業的身段。

後來，有位富翁相當欣賞他這種腳踏實地的精神，於是出資幫助他創業，使得他的美夢提早成眞，躍爲日本知名的企業家。

厚臉皮的人比較幸運

著名的專欄作家包可華曾說：「不論是最好的時光或最壞的時光，都是你唯一的時光。」

形式是虛幻的、容易破滅的，只有內涵才是眞實的、永久的。

想要成就轟轟烈烈的事業，必須先放下身段，掌握寶貴的時光努力充實自己內涵，跳脫虛榮的泥沼；只有欠缺信心，沒有實力的人，才會把時間消耗在毫無意義的事情上，斤斤計較形式上的虛榮。

厚臉皮智典

美國總統傑佛遜：「不管人們說什麼、做什麼，你都要保持頭腦冷靜，毫不動搖；無論遇到什麼，都要有耐心，不屈不撓，處之泰然。」

別讓虛榮膨脹你的自尊

沈迷虛榮的夢幻之中，只會使你淪為微不足道的小人物，應該將自己的虛榮心徹底拋除，一心一意充實自己的能力，這才是邁向成功的正確法門。

有一個貴婦雖然已經徐娘半老，卻自認是風韻依在的「少年殺手」，喜歡濃妝艷抹，希望別人稱讚她依然年輕美麗。

有一天，她在社交場合遇見幽默作家蕭伯納，便故作嬌嗔地問他：「依您看，我大約幾歲？」

蕭伯納一臉正經地稱讚她：「看妳潔白的牙齒，像是十八歲；看妳飛揚的秀髮，像是十九歲；看妳美麗的身材，倒像是十四歲。」

貴婦聽了樂不可支，笑得相當開心，連忙追問道：「那你猜，我到底幾歲？」

蕭伯納認眞地算著，回答說：「嗯，加起來一共五十一歲。」

眞正有內涵、有實力人，絕對不會拘泥於外在的虛榮。

織田信長被明智光秀刺殺身亡之後，爲了要決定繼位人選，織田家召開家族會議，順便討論了各家臣的席位排名。

柴田勝家先聲奪人，提出自己擬定的排名順序，第一位是柴田自己，第二位是丹羽長秀，第三位是瀧川一益，第四位才是豐臣秀吉。豐臣秀吉曾經立下無數戰功，又剿平了明智光秀，替織田信長復仇雪恨，卻只屈居第四，不少家臣都覺得柴田勝家私心自用，有欠公允。

但是，豐臣秀吉對於這樣的排名順序，並未表示不滿，反而點頭說：「很好，很好。我十分贊同！」

他認爲座席的前後次序並不重要，重要的是本人的實力如何。

豐臣秀吉追求的是實際的利益，而不是虛幻的名位。他絕對不會爲了獲得外表的虛榮而損失實際的利益，也不會爲了滿足一時的虛榮而無端樹立敵人。

厚臉皮的人比較幸運

法蘭西斯·培根說：「虛榮的人，為智者所輕蔑，為愚者所歎服，為阿諛者所崇拜，而為自己的虛榮所奴役。」

愈沒有內涵的人，就愈會裝飾外表，愈想滿足表面的虛榮，一遭受小小的屈辱，就會暴跳如雷。

只愛面子不愛裡子，沉迷虛榮的夢幻之中，只會使你淪爲微不足道的小人物，應該將自己的虛榮心徹底拋除，一心一意充實自己的能力，這才是邁向成功的正確法門。

厚臉皮智典

英國作家切斯特菲爾德在《書信錄》寫道：「不要信口開河，也不要信口雌黃，你常常可以看到，最大的笨蛋是最大的騙子。」

如何利用危機扭轉未來

英國首相邱吉爾曾說：「不能以武力征服的，靠著機智和謀略卻每每能出奇制勝。」

織田信長在本能寺遭明智光秀襲殺身亡的時候，豐臣秀吉正在高松城和毛利軍對峙。他一獲知消息，立刻演出「中國大撤退」，披星戴月、火速馳回姬路城整編部隊，隨即高舉討逆義旗，準備攻打明智光秀。

誓師出征前夕，他召集所有部將，宣佈第二天將與叛逆明智光秀進行殊死決戰。這時，一位隨軍卜筮、祈福的僧侶面色凝重地對他說：「明日的征戰，還是避免比較好。因爲，根據卦象看來，如果您明天離開姬路城，恐怕再也無法回來了。」

周遭的部將聽到這番話大爲驚惶，不禁面面相覷，豐臣秀吉卻信心十足地說：「對，你說得一點都不錯，我當然永遠不會再回姬路城。因爲，明天殲滅明智光秀之後，我將帶著大家浩浩蕩蕩進駐王城。明天這一戰，必定旗開得勝！」

厚臉皮的人比較幸運

英國首相邱吉爾曾說：「不能以武力征服的，靠著機智和謀略卻每每能出奇制勝。」

豐臣秀吉面對的不但是一場復仇戰爭，也是一場繼承織田信長霸業的爭奪戰，無論如何都必須爭取時間，搶在其他家臣之前出兵，才能取得主導權和優勢地位。

兵貴神速，如果曠日廢時，讓明智光秀有充裕的時間遣兵佈陣，以逸待勞，那麼對豐臣秀吉的部隊來說，情勢就相當不利了。拖延越久，明智光秀的防禦工事就愈嚴密，倒戈倚附他的諸侯就越多，因此，必須趁他勢力尚未穩固之時，進行毀滅性的突襲。

此外，爲了不讓討逆功勞被其他將領搶走，豐臣秀吉也得爭奪首先起義的名銜。當時，柴田勝家和德川家康是他最強的競爭對手。爲了要壓倒柴田勝家、德川家康，豐臣秀吉勢必要打贏這場復仇戰爭。

這兩個原因使得豐臣秀吉不能因爲時日不吉而遲疑猶豫。

但是，在兵戰凶日出師，將士們心中難免籠罩失敗和恐懼的陰影，對士氣、戰力必定有相當多負面影響。面對人生重大抉擇，豐臣秀吉對自己充滿信心，並且憑著機智反應，巧妙地將僧侶的預言從負面轉化成正面，不但將陰霾的氣氛一掃而空，並且激勵出旺盛的士氣，終於將士用命，獲得關鍵性的勝利。

厚臉皮智典

發明大王愛迪生：「任何問題都有解決的辦法，無法可想的事是沒有的。可是，你果真弄到無法可想的地步，那也只能怨自己是笨蛋、懶漢。」

自信是穩定人心的一張王牌

自信是穩定人心的一張王牌，具有強大的征服力，要使部屬或者周遭的人信賴你，首先，你必須先信任自己。

一個人的成就永遠跟他身處逆境時，所展現的自信成正比。

一個人之所以能夠成功，並不在於身處順境展現多少能力，而是在於聽到不好的訊息之時，感到徬徨迷惑之時，能否換個角度看世界，告訴自己一定要充滿信心，然後用自信扭轉自己所處的逆境。

凱撒大帝從小就是玩伴們的領袖，有一次，以他爲首的孩子，和另一群人數比他們多三倍的貴族子弟起了爭執。

凱撒的玩伴們都非常害怕，凱撒卻毫不在乎。他非常自信地告訴大家，孩子之間爭吵打架，和家世毫無關係，此外，只要有信心、有勇氣，就可以獲勝，不必在意對方的人數。

他激昂地說：「你們如果害怕，現在就可以離開，即使最後只剩下我一個人，我也不會畏懼退縮。」

這種充滿信心的態度，鼓舞了同伴，頓時，大家心中湧起了鬥志和勇氣，使盡全力攻擊對方。那些養尊處優慣了的貴族子弟受不了猛烈攻擊，只得投降求饒，從此以後，奉凱撒爲首腦。

後來，凱撒在卡利亞戰役遭遇凶悍的日耳曼人，以及率軍渡過洛必康河時，都站在最前線，指揮、鼓舞將士們勇往直前。

他這種充滿信心的舉動，不僅激發了軍隊昂揚的士氣，獲得了勝利，也深受民衆敬佩擁戴。

羅馬名將漢尼拔曾在世界戰爭史上締造過一頁輝煌的紀錄——率領大軍翻越

阿爾卑斯山。他獲得成功的原動力，就在於充滿信心、不屈不撓的態度。

當時，他所率領的是一支多國混合部隊，語言、文字上的溝通非常困難，此外，皚皚厚雪覆蓋的羊腸山路溼滑險阻，部隊糧食不足，又得防範敵人從背後偷襲，種種因素使得兵士們疲乏不堪。

然而，即使在這麼艱苦的情況之下，漢尼拔的部隊也沒有人脫逃。原因在於，兵士們對他深具信心。每當他們看見漢尼拔充滿自信、指揮若定的神態，心底就不禁湧出無限的勇氣，以及必勝的信念，追隨著他的步伐一路前進。

厚臉皮的人比較幸運

享譽全球的探險家兼航海家哥倫布，也經常表現出自信滿滿的言行，穩定水手們焦躁不安的心情。

無論多麼勇敢的水手，長年在茫茫大海航行、生活，信心難免會動搖。有時候，他們心中會興起抗命的念頭，打算將船掉頭返回家鄉。

可是，每當他們一看見哥倫布堅定沉著的態度，心情就很自然平靜下來，最後，他們終於發現了新大陸，開啓了另一個新時代的序幕。

充滿信心的人會將失敗挫折視爲大海中的小浪花，憑著智慧、信心，繼續勇往直前；缺乏自信心的人，則視微小波瀾爲滔天巨浪，永遠到達不了成功的彼岸。

自信，是穩定人心的一張王牌，具有強大的征服力。要使部屬或者周遭的人信賴你，首先，你必須先信任自己。

厚臉皮智典

美國作家愛默生說：「人的觀點哪怕發生最不起眼的變化，也會給整個世界帶來春意。」

永遠不會跳票的「信心支票」

美國學者威廉．菲勒說：「激勵自己的秘訣，就在於不斷地告訴自己：即使是平庸的人，能擺平困難的也為數不少，自己難道不如別人嗎？」

堅定的信心，能使平凡人開創出驚人事業，正如日本知名企業家土光敏夫所說：「原本只能獲得六十分的事情，倘使你堅定意志，充滿信心去做，很可能會產生八十分效果。」堅定的信心，能使平凡人開創出驚人事業，正如日本知名企業家土光敏夫所說：「原本只能獲得六十分的事情，倘使你堅定意志，充滿信心去做，很可能會產生八十分效果。」

石油大王洛克菲勒回憶說，他的石油公司還在起步階段，財務狀況捉襟見肘，常常有債主前來催討借款，每次，他都氣定神閒地拿出支票，問債主：「請問你是要支票，還是要本公司的股票？」

由於他說話時神情篤定，不少債主選擇了股票。

他充滿自信的態度，不但使得公司多次安然渡過財務危機，也將大部分債主轉化成股東，繼續投資他的事業，最後建立了龐大的石油王國。

當形勢對你不利的時候，千萬不要氣餒，相反的，應該充滿信心尋求解決之道，繼續支撐下去，不要輕言放棄。

厚臉皮的人比較幸運

美國電業鉅子凱特林某次發表演說時強調，一個人只要持續不斷努力，機會的大門終究會爲他而開。

凱特林說：「只要你肯吃更多的苦，肯繼續奮鬥，不論想做什麼，都可以成功。你或許會遇到九百九十九次失敗，但只要再堅持一次，也許就能成功。」

人生不如意的事情十之八九，任何企業草創之初，都有一段慘淡經營的艱苦歲月，即使是被日本人推崇爲「經營之神」的松下幸之助，也曾遭遇過感染肺結核臥病在床，又付不出員工薪資的窘迫難關，更遑論其他的中小企業了。

美國學者威廉．菲勒說：「激勵自己的秘訣，就在於不斷地告訴自己：即使是平庸的人，能擺平困難的也為數不少，自己難道不如別人嗎？」

洛克菲勒、松下幸之助能夠靠著信心撐過難關，締造出新格局，爲什麼你我不能呢？

厚臉皮智典

作家蒲柏說：「風度隨著財富而改變，幽默隨著風土而改變；信條隨著書本而改變，原則隨著時勢而改變。」

不要讓殯儀館的老闆替你遺憾

馬克吐溫常說：「知道怎麼做的事，最容易削弱一個人的信心」，並且鼓勵別人要努力生活、勇於嘗試，否則死去的時候，「連殯儀館的老闆也會替你感到遺憾」。

日本慶應大學的創辦人福澤諭吉，是一位出名的荒唐專家。

小時候，他曾經偷偷將神社裡的神像搬走，換上一塊木頭。村民不知道他惡作劇，仍然對「神明」頂禮膜拜，福澤則在一旁看得捧腹大笑。

他也曾經欺騙村裡一位年長的女孩子，佯稱要請她喝茶，卻拿了一杯尿給她。女孩子被捉弄得氣極了，拼命追打他。跑著跑著，福澤不小心摔了一跤，跌得鼻青臉腫，女孩仍不放過他，一腳將他踹進路旁的糞池……

長大之後，福澤諭吉仍然做盡荒唐事，譬如假冒警察到戲院看霸王戲，一看到路邊有婚喪筵席，便毫不客氣坐下來大吃一頓……

成長過程中累積的荒唐經驗，讓福澤諭吉徹悟人生，最後成爲日本一代思想宗師。至今，他的肖像仍印在日本的紙鈔上頭，被奉爲「先知」。

厚臉皮的人比較幸運

舉世聞名的幽默作家馬克吐溫從小就討厭上學，喜歡溜到森林、河邊探險，頑皮得讓父母親感到相當頭痛。

馬克吐溫長大後依舊玩世不恭，做了許多異想天開的荒唐事，譬如投資沒辦法發電的蒸氣發電機、不會走的鐘錶……有一次聽說收購可可果可以發財致富，竟然眞的跑到亞馬遜河上游叢林去搜購可可果，結果花光了旅費，又染上熱病，差點死於非命。

馬克吐溫常說：「知道怎麼做的事，最容易削弱一個人的信心」，並且鼓勵別人要努力生活、勇於嘗試，否則死去的時候，「連殯儀館的老闆也會替你感到遺憾」。

有些事不親身體驗，是不會知道結果的，即使不幸失敗了，變成眾人眼中的笑話，對自己而言，也是一項相當寶貴的經驗。

澳洲科學家貝弗里奇說：「青年的敏感和獨創精神，一經與豐富的知識、經驗相結合，就能相得益彰。」

翻開歷史，看看那些傑出的成功人士，不難發現他們都是臉皮相當厚的人，幾乎都不理會別人的看法和批評，也因此才能按照自己的意志忠實地行動，敲開成功的大門。

厚臉皮智典

美國作家朗費羅說：「不要認為不可挽回的過去，全都荒廢了，全都無益；如果從它的廢墟上崛起，我們最終能達到更美好的境地。」

跳出禮教的窠臼

人活在世上，並不一定要分享這個時代的價值。年輕時候的荒唐經驗，讓織田信長跳出禮教的窠臼，建立起自己的價值觀，不管做什麼事都講求實用和效率。

織田信長堪稱是日本戰國時代的「荒唐之神」，平日言行根本不像將要繼承藩位的一代霸主，反倒像盜賊無賴。

他經年在外遊蕩，裝扮怪異，像極了美國電影中的西部紅番：頭上綁著一條紅繩，衣服只有一隻袖子，腰間邊藏了不少怪東西，刀子、打火石、繩子、飯糰、黃瓜……應有盡有。

他終日游手好閑，不是在街頭搗亂、耍賴、惹是生非，就是騎著馬四處亂奔亂跑。

雖然，家臣們竭力規勸，教導他進退應對應有的禮儀，但是言者諄諄，聽者藐藐，他照常妝扮怪異、隨地吐痰，任意大小便，動輒離家出走，甚至還故意寫情書給他父親的侍妾，使得織田一族爲這個名聞遐邇的「尾張大傻瓜」傷透腦筋。

織田信長繼任藩主之後，仍然我行我素，即使在父親的喪禮上，也不曾稍加收斂，穿著一身奇裝異服，抓起香灰到處亂灑，令前來弔唁的賓客目瞪口呆。

厚臉皮的人比較幸運

人活在世上，並不一定要分享這個時代的價值。年輕時候的荒唐經驗，讓織田信長跳出禮教的窠臼，建立起自己的價值觀。他鄙視華而不實的形式主義，不管做什麼事都講求實用和效率。

他不理會傳統的道德觀念，揚棄世俗的繁文縟節，不但經常在不應該出現的場所出現，也不時做出令人難以逆料的荒唐事。

這種迥異於戰國群雄的思考、行爲模式與價值觀念，成了他爭霸天下的一大利器。因爲，永遠沒人猜得透他腦裡盤算什麼，也沒人能正確預測他下一步會做出什麼驚人舉動。

他在尾張八郡實施全新的領導模式，使得軍政革新，充滿朝氣，戰略精進，攻無不克。

他的經營能力，在當時列國中，無人能比擬。

他的父親織田信秀在世時，織田軍只擁有尾張八分之一的土地，兵力非常薄弱，根本無法和武田軍、上杉軍等精銳部隊相並論，更難以和其他大諸侯抗衡。

可是，織田信長接棒之後，織田軍卻在他帶頭衝鋒陷陣下，以三千兵力殲滅了今川義元的四萬駿府大軍，一躍成爲戰國最精良、最勇猛的部隊，這當然必須歸功於織田信長那種無視別人評價的行爲模式，以及超越時代的創造力。

厚臉皮智典

俄國文學評論家別林斯基說：「天才人物，不論在人類活動的何種領域出現，永遠是精神的創造力量的化身。」

5. PART

要潑別人冷水，先帶一把雨傘

英國諷刺作家斯威夫特曾說：
「諷刺是一種鏡子，
照鏡子的人從鏡中都能發現其他人的面孔，
唯獨看不見自己。」

只知道爭先恐後，很難獲得成功

> 英國首相邱吉爾曾說：「擺在我們眼前的是一個和平與進步的黃金時代，我們每一個人所必須做的，只是征服最後和最壞的敵人——自己。」

著名的美學家朱光潛曾說：「世間人生來，有時候在演戲，有時候在看戲，而這演員與觀眾的角色如何調適，重點在於你如何改變心境。」

現實生活中，我們最難適應的就是角色的調適問題，其實，有時候只要我們稍微改變一下想法和做法，就更能展現自己的能力。

袁世凱在小站練兵的時候，就已經露出龐大的政治野心，經常在私底下批評朝廷的當權人物。

有一次，他語帶不屑地對德國駐華公使說：「張之洞那傢伙是專講學問的書呆子，我袁世凱不講學問，是講辦事的。」

袁世凱這番話，言外之意是譏刺張之洞是書生出身，只會紙上談兵，要解決實際問題，還是他袁世凱更精幹、更有權威。

後來，袁世凱的一個幕僚和外交家辜鴻銘閒聊時，便把這番話當作得意之談，重複說了一次。

辜鴻銘聽了，隨口調侃道：「誠然，誠然，但這要看所辦是什麼事。像老媽子倒馬桶這種事，當然用不著學問，不過，除倒馬桶之外，我倒不知道天下有什麼事，是沒學問的人可以辦得好的！」

人有高低貴賤之分，事有大小難易之別。辜鴻銘罵人不帶髒字，巧妙地借袁世凱「講辦事不講學問」的話題，具體就什麼人辦什麼事加以發揮，獲得很好的嘲諷效果。

這段「倒馬桶」的比喻，說得輕鬆又俏皮，和戰爭中的將計就計、順手牽羊這類戰術，以及中國太極拳的借力打力，具有異曲同工之妙。

厚臉皮的人比較幸運

英國首相邱吉爾曾說：「擺在我們眼前的是一個和平與進步的黃金時代，我們每一個人所必須做的，只是征服最後和最壞的敵人——自己。」

人生就像一場馬拉松賽跑，一開始跑在最前面的人，並不能保證他一定最先抵達終點。

但是，由於現代生活強調競爭、主張新奇，有些人卻只求眼前顯赫，不管以後如何，誤以爲唯有快速適應、力求表現，不擇手段地爭取一時出頭的機會，才是成功之道。

在現代生活中，一味要求自己去競爭、去表現，凡事都不顧一切地去取得，這是一種錯誤、短視的觀念。

爲了快速獲得「成功」，人往往認爲跑到最前面就是勝利，根本沒考慮到自己有沒有體力跑完全程。

這種「爭先恐後」的心態，使得現代人感到自己的周遭都是敵人，有時即使對別人造成傷害，也在所不惜。

其實，在馬拉松長跑的過程中，不一定一開始就得使出吃奶的勁，衝到隊伍最前面。

袁世凱的言談和他的大起大落，說明了見不得別人領先自己的心態，其實相當危險，要知道人生道路坎坷不平，你爲什麼不讓別人先跑到前面替自己擋擋風，在最後一刻才開始衝刺超越他呢？

厚臉皮智典

有什麼比石頭更硬？有什麼比水更軟？然而，只有軟水可以穿透硬石。

——古羅馬思想家奧維德

頭腦清醒，才能從容應付挑釁

馬基維利在《君王論》中說：「最能顯示出一個人智慧的是，能在各種危險之間做出權衡，並選擇最小的危險。」

俄國作家謝德林曾說：「能力本身並無魅力的光澤，只有在運用中才能發出光彩。」

的確如此，一個人只有在行動中，厚著臉皮將能力發揮得淋漓盡致，才能創造出自己的魅力。

民國初年，大軍閥張作霖雄踞東北時，曾經發生過一件「臉厚手黑」的趣事。有一次，兩個日本浪人知道張作霖是個響馬出身的大老粗，故意前來大帥府邸求見，進門後不懷好意地說：「聽說大帥您精於書法，能不能請您賜字，讓我們留作紀念？」

張作霖雖然是個草包，但畢竟見過大風大浪，面對兩個來意不善的日本浪人，表現相當沉著，二話不說立刻提筆一揮，寫了個頗具氣勢的「虎」字，還在下頭落款，寫著「張作霖手墨」。不過，由於他唸書不多，竟然把「墨」字寫成了「黑」字。

日本浪人見了，露出嘲笑的眼光，張作霖的秘書見狀，趕緊在一旁提醒說：「大帥，您寫的這個字是『黑』，『墨』字下邊還有個『土』字呢！」

張作霖知道自己洩底了，隨即哈哈大笑加以掩飾：「我堂堂張大帥，難道會不知道『墨』字下邊還有個『土』字，可是我就是不寫這個『土』字！有些人總是想打老子的主意，總是想奪取東北的土地，老子我偏偏寸『土』不讓！本大帥一向『手黑』，誰敢放肆，老子絕不客氣！」

張作霖的瞎掰功夫眞是到家，這番話說得義正詞嚴，不僅巧妙地掩飾自己的弱點，也宣示強硬立場，讓兩個日本浪人討不到便宜，自覺沒趣地走了。

厚臉皮的人比較幸運

馬基維利在《君王論》中說：「最能顯示出一個人智慧的是，能在各種危險之間做出權衡，並選擇最小的危險。」

在任何情況下，都必須保持一顆清楚的頭腦，如此才能在別人慌張失措的時候保持著鎮定，在別人做出愚蠢事情的時候，仍保持著正確的判斷。

因爲，唯有頭腦清醒的人，才能在驚濤駭浪中鎮定地駕馭船隻，也唯有頭腦清醒的人，才能像張作霖一般，在面對不速之客挑釁的時候，從容地運用機智，化解自己的尷尬。

厚臉皮智典

人們的聰明，並非以經驗為依據，而是以接受經驗的程度為依據。

——英國劇作家蕭伯納

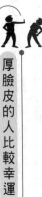

小姐，我說的是善意的謊言

莎士比亞在《愛的徒勞》劇作中說：「聰明人一旦變得癡愚，是一條最容易上鉤的魚，因為他憑恃才高學廣，看不見自己的狂妄。」

曾獲得諾貝爾和平獎殊榮的美國前總統卡特，在競選總統時，有一位愛找碴的女記者看種花生出身的卡特相當不順眼，於是特地去採訪他的母親，想從中找出漏洞狠狠修理他一番。

這個女記者進門後，充滿挑釁地對卡特的母親說：「妳兒子卡特曾經公開說，如果他說過謊話，大家就不要投他的票，妳敢保證卡特從來沒說過謊嗎？」

卡特的母親知道女記者來意不善，平靜地回答道：「不瞞妳說，我兒子確實說過謊話。」

「喔，他說過什麼謊話？」女記者見獵心喜，趕緊追問。

「他曾經說過一些善意的謊話。」

「什麼是善意的謊話？」

「妳記不記得幾分鐘前，當妳跨進我們家的大門時，他稱讚妳非常漂亮，還說他很高興見到妳？」

厚臉皮的人比較幸運

莎士比亞在《愛的徒勞》劇作中說道：「聰明人一旦變得癡愚，是一條最容易上鉤的魚，因為他憑恃才高學廣，看不見自己的狂妄。」

這是因爲，偏見會影響一個人看待事情的方式。

雖然大家都知道，人應該多留意別人的好處和優點，不要拿放大鏡看別人的缺點；輕視與嫉妒他人的心胸是狹隘、不健全的。但是，在這個社會上就是有許多人喜歡吹毛求疵，喜歡冷嘲熱諷。

儘管以牙還牙、以眼還眼，並不是最好的行爲模式，但是，在不得已的情況下，對於別人的不友善舉動，還是得適度加以還擊，否則你就會被視爲軟弱無能的人。

對於那些狂妄自大、蠻橫無理的人，有時瞅準機會狠狠地教訓他們一頓，對他們而言，其實也不無好處。

厚臉皮智典

虛榮、急躁、固執等性格還不是最壞的，最壞的是嫉妒以至於禍害他人。

——英國思想家培根

你為什麼還賴著不走？

> 莎士比亞在《哈姆雷特》中說：「留心避免和別人發生爭吵；可是萬一爭端已起，就應該讓對方知道你不是可以輕侮的。」

林肯競選總統時的對手道格拉斯，選舉落敗之後，一直對林肯懷恨在心，處心積慮地想找機會加以報復。

有一天，道格拉斯終於逮到機會，在一個公開場合遇見了林肯。一陣虛情假意的社交寒暄後，他以不屑的神情說道：「林肯先生，我剛認識你的時候，你好像是開雜貨店的，站在一大堆雜物中賣雪茄和威士忌。你能當上總統，眞是運氣亨通呀！」

林肯明白道格拉斯有意羞辱自己，神色自若地向在場的衆人說：「各位先生們，道格拉斯先生說得一點也不錯，我確實開過一家雜貨店。我記得，當時道格拉斯先生是所有顧客中最高尚的，他總是神情優雅地站在櫃台的前面結帳，我則站在櫃台後面找零錢。不過，我早就從櫃台的後面離開了，不知道爲什麼，道格拉斯卻依然頑固地站在櫃台的前面，硬是賴著不肯走。」

這番不卑不亢的話不僅獲得滿堂喝采，也使道格拉斯尷尬得無地自容。

厚臉皮的人比較幸運

莎士比亞在《哈姆雷特》中說：「留心避免和別人發生爭吵；可是萬一爭端已起，就應該讓對方知道你不是可以輕侮的。」

林肯曾開過雜貨店，當道格拉斯重提往事加以嘲笑時，他絲毫不以爲意，先加以證實，乍聽之下似乎是甘居下風，但是這個證實，只不過是爲下一步的反擊作準備。

他先退一步，說明自己和道格拉斯兩人過去的背景，然後再用現在各自不同的狀況加以比較，告訴在場的衆人，自己雖然曾經從事過卑微的職業，但是經過長期努力不懈的奮鬥，已獲得相當耀眼的成績和進步。

相形之下，道格拉斯仍然庸庸碌碌，無法提昇自己的層次，只是個虛有其表的傢伙。

林肯面對宿敵的揶揄挑釁，展現了應變才智和反應敏捷。想要輕鬆戰勝身邊的小人，應該學習林肯這種以退爲進的應對智慧，不要急著抓狂，也不要一味地硬碰硬。

厚臉皮智典

在你一切見解與深思方面，以及在你舉止與其他事情方面，都要保持穩健與含蓄。

——法國思想家蒙田

小心自己變成落水狗

英國劇作家H．泰勒曾說：「如何妥善地處理一場不可避免的爭端，是對一個人的性格的最好考驗。」

中國近代史上著名的外交家伍廷芳相當機智，出使美國時，曾在一次外交官雲集的宴會上，即席發表了一次幽默風趣的演講，受到與會人士的一致喝采。

當時，有個穿得珠光寶氣的美國外交官夫人，不甘衆人的焦點全集中在伍廷芳身上，想要挫挫他的鋒頭。

於是，她故意走上前去，嬌滴滴地對伍廷芳說：「伍大使，我十分佩服您的演講，因此，我決定把我的愛犬改名爲『伍廷芳』，讓牠沾點您的光，您說好不好？」

伍廷芳聽出話中的醋意和輕蔑，於是順著她的語意，幽默地回答：「很好，那很好啊，這麼一來，妳以後就可以天天摟著妳的『伍廷芳』，和牠接吻了。」

這位外交官夫人想要羞辱伍廷芳，不料卻被伍廷芳在言語間吃了豆腐，氣得漲紅了臉，卻又莫可奈何。

厚臉皮的人比較幸運

英國劇作家H．泰勒曾說：「如何妥善地處理一場不可避免的爭端，是對一個人的性格的最好考驗。」

面對突來的蠻橫舉動、無理要求或嘲弄譏諷，爲了避免正面衝突，不妨表面上做出看似妥協的姿態，然後針對對方的語病或漏洞，反守爲攻加以調侃。

這是一種高超的應變技巧，具有以柔克剛、後發制人的功效。

伍廷芳裝作接受那位貴婦人用「伍廷芳」當狗的名字，然後加以衍伸，借用她逗弄愛犬的情景，戲謔地說「妳以後可以天天摟著伍廷芳接吻了」，回敬她對自己的羞辱，便收到良好的反擊效果。

人總是依據利弊得失來權衡眼前的事物，而且，往往一見到便宜就想佔，一見到別人遭遇失敗就想打落水狗，彷彿不趁機落井下石也是一種吃虧似的。殊不知，這樣一來，只會使自己的人生道路越走越狹隘，很難有豁然開朗的大遠景。

處心積慮想要佔別人便宜，一逮到機會就想暗中損人的人，最後往往什麼便宜也佔不了，反倒常常變成人人戲弄的落水狗，這可以說是社交場合中顛撲不破的經驗法則。

厚臉皮智典

如果衣著華麗，就看不出誰貧誰富，如果不說話，就認不出聰明愚蠢。

——佚名

要潑別人冷水，先帶一把雨傘

英國諷刺作家斯威夫特曾說：「諷刺是一種鏡子，照鏡子的人從鏡中都能發現其他人的面孔，唯獨看不見自己。」

第二次世界大戰結束後，聯合國成立了託管委員會，專門處理殖民地獨立和主權未定區域相關事宜。

有一次開會的時候，英國的代表又滔滔不絕地談論英國協助殖民地獨立的豐功偉績，正說得眉飛色舞的時候，經常受到嘲諷的蘇聯代表，十分不耐煩地迎頭潑下一盆冷水。

蘇聯代表鄙夷地說：「你們英國人講的這一套話，我已經聽了幾十遍，誰不知道，你們會這麼主張，是因爲你們的政府要員，以前大部分都是關在監獄裡的犯人！」

英國代表聽了這話，隨即反唇相譏，回敬說：「你說得沒錯，只是，我們把犯人變成政府要員，總比貴國老是把政府要員變成犯人，關到監獄裡去，還要高明一些吧？」

厚臉皮的人比較幸運

英國諷刺作家斯威夫特曾說：「諷刺是一種鏡子，照鏡子的人從鏡中都能發現其他人的面孔，唯獨看不見自己。」

如果你在交際場合受到排擠嘲弄，千萬不要像小孩子大吵大鬧，也別像蘇聯代表處心積慮想找機會潑別人冷水，因爲，萬一你欠缺內涵，最後受到奚落嘲笑的，有可能還是你自己。

受到排擠嘲弄的時候，必須先厚著臉皮冷靜下來，找出自己受到排擠嘲弄的原因，然後彌補或加強自己屢屢遭受攻擊的弱點。

譬如，要是大家認爲你太笨拙，老是開你的玩笑，你就應該先試著讓自己機靈聰明點，然後在自我改進中，尋求朋友指點迷津，才能獲得支持和認同。

如此一來，有朝一日，你才可能練就英國代表的本領，從容地對別人的揶揄進行反擊。

厚臉皮智典

一個人或一個民族所能達到的最高圓融程度，就是知道如何去面對別人的嘲諷。

——烏納穆諾

替自己保留一點實力

激勵大師奧里森．馬汀說：「頭腦清楚的人，不會因為環境變化而影響自己的判斷。金錢的損失、事業的失敗、憂苦艱難，都不足以破壞他精神的平衡。」

有一年，香港政府財政吃緊，又不好意思向外國借錢，於是便想拍賣中環海邊康樂大廈所在的土地，籌措經費來解決財務方面的困窘。

這塊土地面積龐大，而且位於黃金地帶，具有相當雄厚的增值潛力。消息傳出之後，各國財團紛紛派出代表飛抵香港，準備參與競標。

不過，參加競標的財團雖多，但是，香港政府並不願這塊土地落入外國財團手中，因而有意讓李嘉誠的長江實業和英國的「置地銀行」其中之一獲勝。

對於這項競標，李嘉誠雖然對外顯露出高度的興趣，但是內心卻有自己的盤算。他認爲地皮雖位於黃金地帶，具有相當雄厚的開發潛力，但投標金額也必須有個上限，否則買回來開發，將會面臨龐大的財務壓力。

幾番打量之後，李嘉誠決定出價二十八億港幣。反觀，「置地銀行」則擺出志在必得的姿態，在沙盤推演的過程中，認爲李嘉誠爲了得到這塊土地必定會不惜一切抬高價碼，於是報出四十二億港幣元的天價。

競標結果，當然是置地銀行獲得壓倒性的勝利。

但是，正當該銀行高階主管開香檳大肆慶賀時，打聽消息的人員匆忙趕回來報告說，李嘉誠的報價足足比他們少十四億港幣，頓時，高階主管們一個個臉色變得通紅，總裁的酒杯也驚得掉在地上，氣憤地連聲說道，上了李嘉誠的當了。

厚臉皮的人比較幸運

激勵大師奧里森．馬汀說：「頭腦清楚的人，不會因為環境變化而影響自己的判斷。金錢的損失、事業的失敗、憂苦艱難，都不足以破壞他精神的平衡。」

李嘉誠精打細算，忍住了黃金地段的巨大誘惑，果斷地從這場競標中全身而退，把燙手山芋丟給了置地銀行，表面上好像是輸了，實際上是忍術奇高的輝煌戰果。如果他忍不住氣，硬把資金全力押上，最後造成本身周轉不靈，這樣的勝利又有何意義？

我們如果仔細研究古今中外的戰史，就不難發現，一個優秀的將領不管己方實力如何，敵方虛實如何，交戰之前，多半會未雨綢繆，爲萬一戰敗之後的撤退預留退路。這並不是他們對勝利沒有信心，或助長敵人的士氣，而是保留自己實力應有的謀略。

勝敗是兵家常事，唯有識時務、知進退，才稱得上大智大勇，意氣用事只會淪爲暴虎憑河的匹夫。

厚臉皮智典

一棵樹木假使將其全部的養分汁液，僅僅輸送給一個巨枝，而使其他部分枯死，絕不能成為一棵繁盛的大樹。

——英國俗諺

心情輕鬆，腦袋自然暢通

仔細回想一下，當你放鬆心情的時候，思路是不是很快地就能澄清，許多靈感和想像都能激發出來呢？

壓力是扼殺思考與創造力的元兇，面對壓力的時候，不妨置身在自然的環境中。因爲芬多精的催化，會讓想像力特別旺盛，舒暢的環境會令人壓力盡釋，腦袋零阻塞，創意自然暢通無限！

冬天的時候，美國北部經常會有暴風雪發生，而且每一場暴風雪過後，總是壓斷了許多高壓電線，造成重大損失。

爲了徹底解決這個問題，美國通用電力公司特別召開了一場討論會，並且鼓勵所有員工和專家們儘量提出建議，暢所欲言。

於是，有人提議沿著高壓電線增置加溫設備，以消融上頭的積雪，還有人提議安裝震盪器，抖掉線路上的積雪……等等，千奇百怪的方法都有，但是大多不可行，不過主持人仍鼓勵大家，儘量多想出一些絕招。

這時，忽然有人幽默地提議，不如用最簡單的辦法，就是下雪的時候，用大掃帚沿著高壓線清掃一回。

有人不以爲然地接話說：「那恐怕得請上帝來清掃了！」

沒想到這句玩笑話竟激勵了一位與會者的靈感，他想：「要上帝抱著大掃帚來回奔跑，當然是天方夜譚，但是，我們可以用直升飛機來代替上帝，這樣一來不就可行了嗎？」

這是一個既簡單又經濟的方法，後來實驗證明非常有效，由此可見，集思廣益的腦力激盪方式，相當有助於開發創造力。

相信許多人都曾經體驗過，壓力過大時，很自然地便會鑽進了思考的死胡同裡，再也走不出來。

如果你問從事創意的人，如何才能讓自己特別有想像力，相信多數人會告訴你：「把心情放輕鬆，創意自然暢通無限！」

把心情放輕鬆，也是培養樂觀態度、激發創意的另一種方式。仔細回想一下，當你放鬆心情的時候，思路是不是很快地就能澄清，許多靈感和想像都能激發出來呢？

厚臉皮智典

想要在這個世界獲得成功，只有兩種方式：一種是靠著自己的聰明才智，另一種是靠著別人的愚昧無知。

——詩人布呂耶爾

6. PART

關鍵的朋友留在關鍵的時候用

培根在《人生智慧》中說：
「友誼對於人生，
真像是煉金術士所要尋找的那種『點金石』。
它能使黃金加倍，又能使鐵點成金。」

你就是自己最有力的貴人

試著在痛苦或不堪的時候，對著鏡裡的自己反省，為什麼自己會變成這副模樣？相信更能疏通自己的負面思緒，建立起自信心。

人生起伏不定，不管順境或是逆境，都是自己的人生。面對困境，有很多唾手可得的解決方法，至於能不能醒悟，其實在於你面對事情與生活的態度。

在工廠宣告倒閉後，查理失去了所有財富，成了一個名副其實的窮光蛋，不得不四處流浪，過著乞討的生活。

每天心情都非常沮喪的查理，一直無法面對這個殘酷的事實，好幾度都想自殺。直到有一天，他遇見了一位牧師，人生才有了轉變。

查理一把鼻涕一把眼淚地哭訴著，將自己如何破產、如今流浪的事情，從頭到尾細細地說了一遍，然後請牧師指點，如何才能東山再起。

牧師望著他，沉默了一會兒才說：「我非常同情你的遭遇，我也很希望能夠幫助你，但是，很對不起，我實在無能爲力。」

查理的希望像泡沫一樣，突然間全部幻滅，看著牧師喃喃說道：「難道我眞的沒有出路了嗎？」

牧師思考了一下說：「我雖然沒能力幫你，但我可以介紹你去見一個人，相信他一定可以協助你東山再起。」

「這個人是誰？他眞的有能力幫我？」查理有點懷疑地問。

於是，牧師帶著查理來到一面大鏡子前，用手指著鏡子說：「我要介紹的人就是他，全世界只有這個人能使你東山再起，所以，只要你好好認識這個人，然後下定決心去做，你就一定會成功。」

查理往前走了幾步，愣愣地望著鏡子裡的自己，他用手摸著長滿鬍鬚的臉，望著頹廢的神色中那對帶著迷惘無助的雙眸，不禁啜泣了起來。

第二天，查理又來見牧師，不同的是，這一天的他幾乎是換了一個人似的，不僅步伐輕快有力，雙目更是堅定有神。

他對牧師說：「我終於知道我該怎麼做了，謝謝您，是您讓我重新認識了自己，今天我找到了一分不錯的工作，相信這會是我成功的開始。」

厚臉皮的人比較幸運

遇到問題，許多人只會宣洩負面的情緒，讓自己的腦海充滿悲觀、消極的想法，卻不去正視問題。

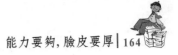

於是，再次遇上相同的困難的，情緒便比上一次更加猛烈，問題的糾結便卡在心中，無法開解之餘，便會成爲憂鬱症患者，或是淪爲逃避現實的流浪漢，甚至想要以自殺的方式了結自己的生命。

就像故事中牧師教導查理的，試著在痛苦或不堪的時候，對著鏡裡的自己反省，爲什麼自己會變成這副模樣？

解鈴還須繫鈴人，面對面問自己，或直指自己的不是，相信更能疏通自己的負面思緒，建立起自信心。

唯有認識鏡中的自己，你才能爲自己明指一條嶄新的人生大道。

厚臉皮智典

無形的東西：信心和態度，才是成功的決定性因素，因此，你必須先學會控制這些東西。

——航空公司執行長赫伯．凱萊爾

「死纏爛打」是行銷的最高境界

不要害怕熱臉貼冷屁股，只要你能力夠強，死纏爛打堅持下去，即使是最頑強的對手，終有一天也會被你征服。

成功學大師說，成功的法則其實很簡單：「只要設定目標死纏爛打，拗到最後，成功就是你的。」

問題是，你的能力夠強，臉皮夠厚嗎？你能夠毫不在意地看待眼前的失敗挫折嗎？

科爾曾經是一家報社的職員，他剛到報社當廣告業務員時，對自己充滿了信心，甚至還向經理提出不要薪水，只從爭取到的廣告費中抽取佣金的建議。

經理聽了這番話，當然立即答應了他的請求。

開始工作之後，他列出了一分長長的名單，準備逐一拜訪這些名單上的重要客戶。

不過，當其他業務員看見他列出的名單時，全都認爲他一定是瘋了，因爲他們認爲要爭取到這些客戶，簡直是天方夜譚。

在開始拜訪這些客戶前，科爾把自己關在房間一天，並站在鏡子前，把名單上的客戶唸了好幾十遍，然後他對自己說：「在這個月月底之之前，你們一定全部會向我買廣告的版面。」

於是，他帶著堅定的信心，開始拜訪名單上的客戶。

第一天，他用了各種溝通方法和推銷技巧，與二十個「不可能的」客戶中的三個談成了交易。

接下來，兩天內，他又成交了兩筆交易。

很快地，月底的期限已經到了，科爾幾乎大獲全勝，因爲有十九個人都搞定了，只剩一個還不願購買他的廣告。

能夠成功說服十九家客戶，對許多人來說已經是非常好的成績了，所有人都非常佩服他，但是，科爾仍不滿足，對於漏失掉的那一位仍不放棄，鍥而不捨地堅持要把最後一個客戶也爭取過來。

第二個月，科爾沒有去發掘新客戶，每天早上他都會前去找那個拒買廣告的客戶，當對方的商店一開，他就進去遊說。

但是，這個商人每天都只回答：「不！」

不過，聰明的科爾每次都假裝沒聽到，然後繼續地勸說，直到將近月底，這個已經連說了三十天「不」的商人，口氣終於緩和了些：「你浪費了一個月的時間，來請我買你的廣告，請問你爲何要這樣做？」

科爾說：「我並沒有浪費時間，其實我每天仍在上課啊！對我而言，你就是我最好的老師，從你的拒絕之中，我不斷地訓練自己，如何讓自己在逆境中堅持下去。」

那位商人聽完點點頭，笑著對科爾說：「照你這麼說，我也等於在上課，而你就是我的老師。如今，你已經教會了我如何『堅持到底』，對我來說，這比金錢更有價值，爲了向你表示我的感激，我就買你的一個廣告版面，當作我付給你的學費。」

厚臉皮的人比較幸運

科爾憑著堅持到底的精神達成了目標，其實正是實踐著「死纏爛打」的方法。在生活和事業中，我們往往缺乏這種厚臉皮精神，因而與成功失之交臂。

因此，千萬不要害怕熱臉貼冷屁股，只要你能力夠強，臉皮夠厚，死纏爛打堅持下去，即使是最頑強的對手，終有一天也會被你征服。

厚臉皮智典

成功並非僅僅靠著篩選過往的灰燼而已，而是要盡快開發及耕作培育未來的肥沃土地。

——A．格拉梭

千萬別當睜著眼睛的瞎子

英國有句諺語說：「如果奸人的眼淚有滋生化育的能力，那麼，他的每一滴眼淚都可以孵出一條鱷魚來。」

人性本來就是狡猾虛偽的，如果你不想受傷害，就必須具備一些做人做事厚黑智慧，能力要夠，臉皮要厚。如此，才能洞悉自己遭遇的對手是怎樣的人。

美人計是外交場合慣用的圈套中的一種，美國前國務卿季辛吉就善長使用此計，藉以收買其他國家的外交人員。

在一次私人聚會中，季辛吉悄悄地將越南總統阮文紹的特別助理黃德雅拉到一旁，然後出示一本黑色手冊，手冊上密密麻麻，記載著許多好萊塢著名女影星的電話和住址。

季辛吉語氣曖昧地對黃德雅說：「如果你願意做我的『朋友』，我可以替你介紹這些女星中的任何一位。」

誰知，黃德雅並非等閒之輩，也依樣畫葫蘆，從口袋摸出一本厚厚的手冊，告訴季辛吉：「如果你願意做我的『朋友』，我也可以替你介紹這些女性中的任何一位。」

厚臉皮的人比較幸運

英國有句諺語說：「如果奸人的眼淚有滋生化育的能力，那麼，他的每一滴眼淚都可以孵出一條鱷魚來。」

美人計不論在政界、商界都是最具殺傷力的陷阱，把持不住的人往往因此掉入桃色的深淵，最後身敗名裂。

其實，世間所有的詭計，都是以美麗的假象先行，而使愚癡的人緊隨其後，充分曝露他們的低俗、平庸的本質。

人如果不細心辨別、觀察美麗的糖衣裡頭，包藏的究竟是糖果還是毒藥，往往會匆匆地下吞下誘餌。

這種人看待事物，有時竟連「耳聽爲虛」這樣的道理都不懂，用耳朵代替了眼睛，變成了一個睜著眼睛的瞎子。

學過辨證法的人都知道，分析事物應該一分爲二，過分堅持自己的成見，急忙對某人某事「蓋棺定論」，只能說明你的淺薄。

事物常會因爲觀看的角度不同，而所有不同。所以，絕不能單用一個角度，去取代所有的角度。對自己的所見所聞，應該進行調查、分析，弄清事實的眞相，這樣才能做出正確的評價。

厚臉皮智典

在小範圍內耍花招的人，隨著權慾的增長，必將玩弄更大的騙局。

——法國作家皮埃爾

識破別人精心設計的圈套

法國思想家盧梭在《愛彌兒》中寫道：「別人從來無法欺騙我們，一向都是我們自己欺騙自己。」

世界著名的日裔交響樂指揮家小澤征爾，在成名之前，有一次參加歐洲指揮大賽，決賽中按照評審委員給他的樂譜指揮樂隊演奏，卻發現有不和諧的地方。

他認爲是樂隊演奏錯了，於是停下來，要求樂隊重新演奏，但是，樂隊的第二次演奏仍然不合他意。

這時，在場的作曲家和評審委員都鄭重說明樂譜絕對沒有問題，而是小澤征爾本身有問題。

面對著這些音樂大師和評審委員信誓旦旦的說詞，小澤征爾仍然堅持己見說：

「不，一定是樂譜錯了！」

小澤征爾話才剛說完，評審台上立刻爆出熱烈的掌聲。

原來，這是評審委員們精心設計的圈套，藉此考驗最後三名晉級參加決賽的指揮家，在發現樂譜錯誤但卻遭到權威人士「否定」的情況下，能否堅持自己的正確判斷。

前兩位參賽者雖然也都發現樂譜有問題，但是，因爲認同評審的說法而遭到淘汰。小澤征爾則因爲堅持己見，終於在這次世界音樂指揮家大賽中摘取桂冠。

厚臉皮的人比較幸運

法國思想家盧梭在《愛彌兒》中寫道：「別人從來無法欺騙我們，一向都是我們自己欺騙自己。」

狡詐者的武器無非是玩弄種種心計，使得對自己缺乏信心、無法洞徹眞相的人，因禁不住假象的迷眩、誘惑，而掉入陷阱。

懂得識破生活中的各種圈套，才能算是眞正聰明人。

有敏銳觀察力的人，可以洞察別人藏在內心最深處的謊言，摸清他人的底細。這是一種天賦智慧，也是一種生活修煉，隨著年齡和經驗的增長，理智達到完全的成熟，更可以使判斷力因時就勢，左右逢源。

儘管看清楚事情的眞相並不很容易，可是我們不得不在這方面多費腦筋，如此才能讓自己明察事理，不致於吃虧上當。

厚臉皮智典

那些即使遇到了機會，還不敢自信必定能成功的人，只能得到失敗。

——德國哲學家叔本華

關鍵的朋友留在關鍵的時候用

培根在《人生智慧》中說：「友誼對於人生，真像是煉金術士所要尋找的那種『點金石』。它能使黃金加倍，又能使鐵點成金。」

俗話說：「天無絕人之路」，這是因爲許多人走到了人生轉折點，都會幸運地受到朋友幫助，成功地走向全新的境界。

國際電影明星席維斯史特龍，尚未成名之前生活過得十分落魄，身上僅有一百塊美金，甚至連房子都租不起，每天睡在車裡。

當時，他立志要當演員，自信滿滿地跑到各大電影公司應徵，但是都因爲外貌不出衆以及說話咬字不清而遭到拒絕。

但是，在被拒絕了一千五百次以後，他仍然不灰心，寫了〈洛基〉劇本，並且拿著劇本四處毛遂自薦，又被拒絕了一千八百次。

儘管如此，他還是不灰心，最後終於好運臨頭，遇到一名肯接納他的電影公司老闆，出資讓他拍攝電影。

席維斯史特龍厚著臉皮堅持到底，最後終於如願以償，成爲名震國際影壇的超級巨星。

厚臉皮的人比較幸運

席維斯史特龍的故事告訴我們，一個人只要設定目標，知道自己想要的是什麼，然後採取行動絕不放棄，成功只是時間早晚而已。

培根在《人生智慧》中說：「友誼對於人生，真像是煉金術士所要尋找的那種『點金石』。它能使黃金加倍，又能使鐵點成金。」

每個人一生當中，都有數不盡的貴人；貴人通常會在你最需要的時刻，奇蹟式地降臨，幫助你突破困境。只要你能這麼想，即使走在坎坷的人生旅程，也不會因爲擔心、害怕而亂了方寸。

每天晚上睡覺前，試著調整自己的情緒，爲嶄新的明天做準備。想一想周圍的美好事物，想一想現在或過去的好朋友，想一想每一個幫助過你的人，想像著他們在你熟睡時一直都注視著你，不但可以培養良好的價值觀，而且會帶來溫暖和安全感，伴你沉穩入睡。

最後，必須隨時告訴自己，最關鍵的朋友要留到最關鍵的時刻使用，千萬不要把友情花費在無關緊要的事情上。

厚臉皮智典

有朋友的人，像草原一樣寬闊；沒有朋友的人，像手掌一樣狹窄。

——蒙古諺語

應該謹慎的時候不要感情用事

英國著名的評論家科林斯曾說：「我們在生活中最常見的錯誤是，應當謹慎思考的時候卻感情用事。」

美國國際顧問管理公司ＩＭＧ總裁麥考梅克手下有一位主管，負責對外公關及與新聞界打交道。

他最感興趣的，就是安排麥考梅克上電視或接受報紙專訪。可是，麥考梅克向來不喜歡接受訪問，也不願耗費太多時間在這方面。這位主管卻不斷催著麥考梅克把一項項訪問排入行程表，有時甚至幾個星期前就要排定。

麥考梅克不願自己被時間綁得緊緊的，可是，這位主管總是說，這是爲公司、爲客戶好，說起來彷彿他全是站在公司的立場設想。

過了好一段時間麥考梅克才發現，其實這位主管是藉此在營造自己的知名度。不斷安排麥考梅克曝光，可使他在新聞界面前顯得很有辦法；麥考梅克決定得愈快，就愈顯得他有能耐。換言之，他是在犧牲麥考梅克的時間，來建立個人在新聞界的地位。

一旦認清這一點，以後想要延後決策時間或拒絕媒體訪問時，麥考梅克心中就不再覺得歉疚。

厚臉皮的人比較幸運

英國著名的評論家科林斯曾說：「我們在生活中最常見的錯誤是，應當謹慎思考的時候卻感情用事。」

當別人一直催著你當機立斷的時候，你必須先考慮，延緩決定會不會造成立即而明顯的危機？如果不會，那麼，你就得深入探討，爲什麼對方老是逼著你快下判斷？

要知道反覆檢驗才是最安全穩當的，尤其在你沒有把握之時，更需花些時間思索，而不應倉促行事。

當然，拒絕別人的時候，不妨多多留意自己的態度，讓從自己口中說出的「不」字再成熟一些，不要過分尖酸刻薄；答應別人時，也可以晚些做承諾。這才是正確的決策方法。

厚臉皮智典

如果你不相信自己，不相信自己的能力，除了神話和幻想之外，什麼也創造不出來。

——俄國作家高爾基

不要急著打退堂鼓

俄國文豪杜斯托也夫斯基在《少年》一書中寫道：「只要有堅強的意志，就自然而然會有能耐、機智和應變的智慧。」

英國牛津大學有位著名的教授名叫李費，是享譽歐洲的學者。他有一個怪癖，那就是每當他走進教室上課的時候，不管裡頭有沒有女學生，都習慣用「紳士們」作爲起頭。

這個習慣讓一群響應女權運動的女學生十分反感，認爲他嚴重漠視女性的存在，有違兩性平等原則，決定聯合起來捉弄他，讓他難堪。

有一天，李費教授上課之前，這些女學生強迫驅離所有的男學生教室，只留下一個男在教室，準備看李費怎麼應付這種局面。

上課鐘聲響後，李費教授一如往常走進教室，卻見到裡頭只一個男生，其餘全是女學生，嗅出氣氛不太對勁。

李費知道這群女學生故意要和他過不去，於是不急不徐地改口說：「這位可憐的紳士……」然後若無其事地繼續上課。

厚臉皮的人比較幸運

俄國文豪杜斯托也夫斯基在《少年》一書中寫道：「只要有堅強的意志，就自然而然會有能耐、機智和應變的智慧。」

李費教授的行徑，給我們的啓示是——不管別人如何和自己過不去，只要你能堅持到底就是勝利。

就像獵人的目的不在於跟蹤獵物，而是將牠們捕獲，做事情最基本的原則是貴在恆心與堅持，無論如何都要爭取最後的勝利；與其開場時風光熱鬧，不如落幕時有所獲得。

在日常生活中，我們可以看到許多人一遇見困難，就乾脆自己先打退堂鼓，忙著給自己找台階下，理由是：何必爲難自己呢？

試都不試就先打退堂鼓，這種行爲簡直是瞧不起自己，無疑是告訴別人自己是個怯弱、畏縮、缺乏自信的傢伙。相形之下，那種勇往直前，縱使遇到挫折也不氣餒的進取精神，著實令人欽佩。

厚臉皮智典

上天要求我們具備三件東西才肯賜予幫助——一顆堅定的心，一條強壯的臂，和一張緊咬的唇。

——哈利伯頓

利用離心力向前衝

美國名教育家馬克·霍普金斯曾說：「失敗往往是黎明前的黑暗，繼之而出現的，則是成功的朝霞。」

西漢開國元勳、一代名將韓信的墓前祠廟裡，題著一副對聯：「生死一知己，存亡兩婦人。」

所謂知己，指的是慧眼識英雄的蕭何，韓信一生可以說「成也蕭何，敗也蕭何」。至於兩婦人，則是年輕時救濟過他的漂母，以及最後誅殺他的主謀呂后。

韓信是秦末淮陰人，從小喪父，家境相當貧寒，但是他卻愛好武藝，經常揹著一把寶劍四處遊蕩，期盼將來能有一番作爲。後來，他的母親不幸死去，他貧苦無依，天天蹲在河邊釣魚，忍飢挨餓，還屢屢受到淮陰惡少的羞辱。

當時，有一位好心腸的老婆婆每天到河邊漂洗衣物，見韓信的模樣十分可憐，就主動把自己帶來的食物分給韓信吃。如此一連幾十天，韓信內心很感動，便對漂母說：「我將來如果功成名就，一定重重地報答妳。」

漂母聽了說道：「男子漢大丈夫不能自謀生計，天天靠別人施捨過日子，能有什麼出息？我只不過可憐你，才分給你一點飯吃，誰要你報答呢？」

韓信聽了這番話，既感激又慚愧，把她的話銘記在心頭，發憤圖強步上了自己的人生征途。經過幾番波折，他終於在蕭何引薦下，幫助劉邦奪取天下，成爲封疆裂土的開國元勳。

厚臉皮的人比較幸運

美國名教育家馬克・霍普金斯曾說：「失敗往往是黎明前的黑暗，繼之而出現的，則是成功的朝霞。」

如果把人生比喻成賽跑，那麼人生最重要的關鍵，就是轉彎時候的那幾步；

人跑到了生命轉彎的地方，最要緊的是抓住時機，摒除一切雜念，利用「離心力」衝向前去。

失敗挫折，往往是人生的彎道；如果你能善用「離心力」奮力向前衝，這個彎道就會成爲人生的新起點。世事常常出乎我們的意料，一旦遭遇到失敗挫折，如果你不想往下沉淪，那麼只能選擇重新開始。

生活中許許多多的事情，都是人生馬拉松賽的轉折點，而讓人奔向成功的轉折，往往都是困境。

跑到了生命轉彎的地方，你該怎樣保持身體平衡，優雅地跑過彎道，而不至於被離心力甩開，偏離了自己的跑道呢？

厚臉皮智典

在成名的道路上，流的不是汗水而是鮮血，他們的名字不是用筆而是用生命寫成的。

——波蘭科學家居禮夫人

態度要親切，價錢儘管黑

> 李·艾科卡說：「在人生的道路上會有成千的小岔口，也會有一些相當大的岔口，那就是需要你付出代價的時候，也是考驗你的智慧的時候。」

某家新建的大型量販超市開始營業前，爲打響知名度，特地舉行一場開幕前的特價試賣會。有一位顧客好不容易搶購了一台最新型的彩色電視機，滿心歡喜地搭乘手扶電梯準備下樓結帳。他把電視機放在電梯扶手上順勢而下，誰知竟樂極生悲，一不小心撞碎了一樓的大型導購燈箱。

超市賣場的服務人員氣急敗壞地告訴這個顧客說，這個導購燈箱的造價六千美元，要求他必須照價賠償。這位顧客及同行的妻子女兒瞬間臉色變白。

正當他們支支吾吾說不出話來的時候，超市總經理竟然親自出面，十分客氣地接待他們。這位總經理主動提議，只要他們賠償一塊美元，其餘全部由超市自行承擔，並要他們在協議書上簽字。

這位顧客和他的家人十分感動，離開這家超市後，隨即向當地的媒體反映這個情況。當地的媒體很快以「撞壞導購燈箱，賠償一元了結」爲題，報導了這則新聞。

這家正在試賣的超市，立刻名氣大幅攀升，贏得社會廣泛好評，正式開幕之後，生意好得水洩不通。

厚臉皮的人比較幸運

《反敗爲勝》一書的作者李·艾科卡在書中說：「在人生的道路上會有成千的小岔口，也會有一些相當大的岔口，那就是需要你付出代價的時候，也是考驗你的智慧的時候。」

這家超市之所以迅速在市場上佔有一席之時，是因爲總經理在這個偶發事件中，敏銳地嗅出不尋常的宣傳價值。

他不因爲造價昂貴的導購燈箱被撞破而抓狂，並不失幽默地收了一元錢，既表明顧客確實應該賠償的立場，又表明超市對顧客的體諒，所以很快爲新聞媒體重視，達到了宣傳的效果。就這樣，這家超市僅僅用五九九九元的代價，就獲得了難以用數字計算的宣傳效果和經濟效益。

顧客不論好壞，永遠是商家的上帝，對他們謙讓，讓他們佔點便宜，實際上是永遠不會吃虧的。試想，你如果處處與顧客爭吵，斤斤計較，最終只會讓人說你爲富不仁，心腸太黑。相反的，一旦有了良好的商業形象、友善謙和的服務態度，那麼即使把價格定得「黑」一點，也會有大批顧客上門光顧。

厚臉皮智典

發生在我們週遭的問題，都會有正確的和錯誤的解決方案，全看你如何選擇。

——經濟學家羅伯特．賴克

7. PART

不要當
搞不清楚狀況的菜鳥

印度哲人普列姆昌德說：
「世界是一片戰場，在這戰場上，
只有洞燭先機的人才能取得勝利。」

如何面對狂妄自大的小人？

英國作家康拉德說：「任何傻瓜都能駕船航行，但唯有聰明的人才知道如何走捷徑。」

英國首相邱吉爾以機智和風趣聞名，對付狂妄自大的小人，也有一套幽默的行事方法。

二次世界大戰還沒爆發之前，德國和英國還保持著形式上的外交關係。

有一天，德國外交部長李賓特羅甫，派人送了一張請帖給邱吉爾，邀請他在該月二十四日晚上七點前赴德國大使館，出席一項國際宴會。

但是，李賓特羅甫爲了貶抑邱吉爾，故意不遵守國際外交禮儀，請帖裡頭寫的不是法文，而是德文。

邱吉爾收到請帖後，知道李賓特羅甫有意藐視英國和自己，心中頗爲不悅，於是故意裝糊塗，隨即用英文回覆說：「二十七日晚上八點，本人必定準時出席這場盛會。」

李賓特羅甫收到了這封牛頭不對馬嘴的回函之後，哭笑不得，只好乖乖地依照國際外交禮儀，重新補送了一張法文請帖給邱吉爾。

厚臉皮的人比較幸運

英國作家康拉德說：「任何傻瓜都能駕船航行，但唯有聰明的人才知道如何走捷徑。」

與小人過招，爭吵並不是最好的辦法，必須懂得運用四兩撥千斤的策略，有時，退讓一步便可能出現海闊天空的新景象。

遭遇難纏的對手，如果對方相當蠻橫，實力又比你強大，無法從正面解決問題時，不妨學習邱吉爾的「糊塗戰術」，採取迂迴策略，先後退一步，然後再伺機進兩步，如此才可能戰勝對方。

走在千折百轉的人生旅途也是一樣，身陷山窮水盡的絕境並不可怕，可怕的是自己先慌了心、亂了腳步，一味地狂奔亂竄。

因爲，人一旦亂了方寸，縱使走到柳暗花明的轉折處，也無法冷靜走進讓自己的人生豁然開朗的新桃花源。

厚臉皮智典

當一個人自己缺乏某種美德的時候，他就一定要貶低別人的這種美德，以實現兩者之間的平衡。

——英國思想家培根

注意，有人在挑撥你們的感情

知人是十分重要的，只有學會察微知著，才能成為聰明人，只有具備了一雙識人的慧眼，一個人才能真正洞燭人性。

有位哲人說：「在利益得失面前，每個人的靈魂會鑽出來當眾表演，想藏也藏不住。此刻，正是識別人心的大好時機。」

的確，在種種誘惑之前，邪惡的靈魂會赤裸裸地曝露出來。人一面對誘惑，就會千方百計揭人隱私、造謠中傷、挑撥離間，縱然用盡卑劣的手段，也要奪到自己想要的東西。

英國著名偵探小說家克莉絲汀大部分的時間都待在巴格達，生活在又乾燥又酷熱的沙漠當中，陪著她的丈夫從事考古方面的工作。

有一次，她回到英國參加出版界的盛會，有一個對她覬覦已久的出版大亨，爲了離間他們夫妻之間的感情，便故意對她挑撥說：「像妳這樣優秀的作家，竟然嫁給一個不知憐香惜玉的丈夫，整年生活在沙漠當中，妳的犧牲未免太大了，實在令人惋惜。」

克莉絲汀聽了不以爲忤，只用幽默的語氣，說出絃外之音：「其實，一個考古學家才是世上最好的丈夫，因爲，妻子的年齡越大，她的丈夫越能從她身上發掘出許多新的樂趣。」

厚臉皮的人比較幸運

世間萬物都是隨著時空環境而不斷變化的，人心也是如此，因此，活在現實的社會，人必須明察秋毫，提防別人對自己耍奸耍詐。

姜太公在《守士》中有一段關於卑劣人性滋長的比喻，值得我們再三玩味，他說：「涓涓細流不加堵塞，就會聚成滾滾江河；微弱的火花不加以撲滅，就會燃起熊熊大火；細小的幼芽，用手就可以摘除，但長大後不用斧頭是無法砍掉的。」

俗諺說：「路遙知馬力，日久見人心」，歲月是最公正的法官，有的人在某段時間裡也許可以稱得上是朋友，但相處時間久了，你就會了解他們眞正的爲人和品格。如果你肯仔細觀察，其實不難達到「知人知面也知心」的境界。

知人是十分重要的，只有學會察微知著，才能成爲聰明人，只有具備了一雙識人的慧眼，一個人才能眞正洞燭人性。

厚臉皮智典

對盛開的花朵，寒冷的天氣是敵人；對親密的愛情，離間的壞話是敵人。

——蒙古諺語

你的腦袋壞掉了沒？

> 有位哲人說：「在造訪命運之宮時，如果你從快樂之門進入，必從悲哀之門走出；從悲哀之門進入，則必從快樂之門走出。」

阿俊在競選市長的時候，標榜清廉執政，強調自己當選後一定致力打擊特權、掃除黑金。但是，誰也想不到，他經過激烈的選戰，好不容易當選市長，所作所爲卻全不是那麼回事，不但所謂的清廉形象蕩然無存，還因爲貪污舞弊又鬧緋聞，被檢調單位移送法辦，鬧得滿城風雨。

有一天，阿俊正要外出辦事，突然見到市政府廣場前，有一個老太太不小心摔了一跤。極力想重建親民愛民形象的他，立即快步上前把老太太扶起來，發覺她似乎摔斷了腿，於是連忙撥電話叫救護車。

在等待救護車前來的空檔，阿俊趁機向老太太抱怨說，外界說他貪污、舞弊、鬧緋聞，其實都是政治陰謀，是有心人士刻意透過媒體對他進行打壓。

面對阿俊的辯解，老太太不知該如何對答，只是客套地說：「眞不知道該怎麼謝謝你，市長先生。」

阿俊笑著說：「這沒什麼，下次選舉的時候，投我一票就行了。」

老太太聽了，突然狠狠瞪阿俊一眼：「你嘛幫幫忙，你以爲我得了老年癡呆症嗎？我只不過是腿摔壞了，腦袋可沒摔壞！」

厚臉皮的人比較幸運

《君王論》的作者馬基維利曾經強調說：「權力使人腐化，絕對權力使人絕對腐化。」

故事中的阿俊市長，從高票當選到淪爲人人不齒的過街老鼠，正是這段話的最佳寫照。其實，各行各業都有這種腐化現象，殊不見，許多所謂青年才俊往往開頭意氣風發，收場卻無比悲慘。

這是因爲他們一旦獲得短暫的成功，就被眼前的名利、權勢沖昏了頭，忘了自己曾經信誓旦旦的理想和堅持。

有位哲人說：「在造訪命運之宮時，如果你從快樂之門進入，必從悲哀之門走出；從悲哀之門進入，則必從快樂之門走出。」

保持清醒、堅持到底，是一種難能可貴的德性。走在人生的旅程上，有時需要幾分傻勁，只要自己認爲是對的，就應當硬著頭皮、厚著臉皮堅持下去，即使到最後只剩下自己一個人孤軍奮戰，仍然要堅持到底。

如此一來，你所獲得的成功才是最眞實、最寶貴、最快樂的，而不是朝生夕滅的夢幻泡影。

厚臉皮智典

如果一個人不知道自己要航向哪個碼頭，那麼任何風向都不會是順風。

——古羅馬哲學家塞內卡

到底是誰私吞了你的鑽戒？

古希臘哲學家德謨克利特說：「一切都靠一張嘴巴而不落實諾言的人，是虛偽的和假仁假義的。」

阿信是鎮上出了名的小氣財神，有一天他不小心遺失了一個錢包，裡頭裝了不少錢，因此心裡很著急，到警察局報案時對警察說，如果有人肯把錢包送還給他，他願意將裡頭的錢分一半給撿到的人。

第二天，撿到錢包的阿彬，果然將錢包送還給阿信。但是，阿信卻反悔，捨不得送阿彬這麼大筆錢，於是便謊稱他的錢包裡頭還有一個五克拉的鑽戒，硬說是阿彬私吞了。

阿信裝出道貌岸然的模樣，對阿彬說：「我這個人最講誠信了，但是，除非你將五克拉的鑽戒還我，否則，你別想分到我錢包裡的一半錢。」

阿彬認爲阿信存心耍賴，於是拖著阿信到警察局找警察評評理。

警察聽了兩人的說詞後，知道吝嗇成性的阿信想食言而肥，於是對他說：「你說，你掉的皮包裡有錢和鑽戒，可是這個皮包裡明明只有錢，可見這個皮包根本就不是你的嘛，你再等等看好了，說不定有人會把你的錢包送到警察局來。至於這個皮包，就留在警察局招領，超過公告期限沒人認領的話，就是阿彬的了。」

厚臉皮的人比較幸運

古希臘哲學家德謨克利特說：「一切都靠一張嘴巴而不落實諾言的人，是虛偽的和假仁假義的。」

人生在世，誰都不可能永遠吉星高照，氣勢如日中天。因此，做人不可只顧眼前的得失，要爲自己預留東山再起的機會，如此一來，萬一眞的遭遇失敗，才能捲土重來。

誠信是幫助一個人東山再起的重要資產之一，千萬不能輕蔑、漠視，否則當你的人生陷入失敗的泥沼，就沒人肯伸出援手。

如果你像故事中的阿信，硬要食言而肥，非但原本失而復得的錢全部泡湯，而且以後不管丟了什麼貴重的東西，也不會有人相信你的「懸賞」。

當你割捨不下眼前的小利時，不妨先問問自己究竟想獲得什麼，等你確定了大目標後，就會發現其餘的，其實都是可有可無的蠅頭小利。既然如此，何必像讓人討厭的蒼蠅，見到甜頭就要沾上一沾呢？

厚臉皮智典

貪心好比一個套結，把人的心越套越緊，結果把理智閉塞了。

——巴爾札克《邦斯舅舅》

你搶到的，究竟是鑽石還是糞土？

> 拿破崙曾說：「世界上有兩根槓桿可以驅使人們行動，一是利益，一是恐懼。」

小段是一個吃人不吐骨頭的超級大奸商，專幹拐人、騙人、坑人的勾當，靠著卑劣的手段，累聚大筆不義之財。

有一天，小段在市中心閒逛，看中了一棟新蓋好的豪華大樓，便打算租下來當作企業總部，強化自己的「門面」，經過幾次討價還價後，終於租了下來。

小段爲了詐得更多錢財，刻意把企業總部裝修得富麗堂皇，此外，爲了讓全體員工每天上班的時候，都能瞻仰自己的英姿，他更找來一個畫家，打算爲自己畫一幅全身畫像，掛在大門口。

這位畫家在作畫時，請小段露出笑容，擺一個自然的姿勢，小段便嘴角斜揚，並習慣性地把右手插進褲子的口袋裡。這時，湊巧有一個廠商聞訊趕來找小段催討積欠的貨款，誰知，小段竟恬不知恥地揮揮手說：「錢的事情待會兒再談嘛，你先看看我擺的這個姿勢怎麼樣！」

這個廠商看了看小段，又看了看畫像，諷刺地說：「嗯，倒是畫得不錯，但是，如果這位畫家能把你的手，畫成插在別人的口袋裡，那就更加傳神了！」

厚臉皮的人比較幸運

拿破崙說：「世上有兩根槓桿可驅使人們行動，一是利益，一是恐懼。」這是因爲利益使人不顧臉皮，無所不用其極；恐懼使人一味盲從，無法掌握成功的契機。

現代人所謂的「競爭」，其實是認定了生活周遭的每一個人，都是威脅到自己生存的敵人；所謂的「成功」，就是像故事中的小段，無所不用其極地把自己的手伸進別人的口袋，意圖掏空裡頭所有的錢財，然後據爲己有。

相形之下，所謂的「失敗」，也只是在幾場短暫而又不見得有什麼意義的爭奪之中，沒有搶到任何東西，或是不小心被競爭對手剝走了身外之物。

現代人一味地把「搶奪」視爲終極目的，進行一次又一次的盲目爭奪，然後以此論定優劣與勝敗；很少人會靜下心來，認眞地思索在「利益」與「恐懼」這兩個槓桿驅使下，自己千方百計搶到的東西，究竟是鑽石還是糞土。

這種爭先恐後的心態，使現代人流露出原始的獸性，變得越來越勢利、淺薄，完全忽略自己爲何要爲了一些蠅頭小利，參與這些赤裸裸的「競爭」？

厚臉皮智典

能以最小的風力駕駛，從最大的阻力中取得動力，才是最優秀的水手。

——梭羅《河邊漫步》

不要隨便講出自己的缺點

幽默作家馬克吐溫在《赤道環遊記》中說：「正因為實話是我們最寶貴的東西，所以我們必須省著點使用它。」

有四個新近竄起的科技業大亨聚在私人俱樂部，一起飲酒作樂，因爲聊得太投機了，酒酣耳熱之際有人便提議大家一起將自己不爲人知的缺點講出來，並且約定好絕對不能對外透露。

第一個大亨歎口氣說，自己已經有輕微的酒精中毒，每天都要喝上幾杯，否則手就抖個不停，無法靜下心來工作。

第二個大亨坦承自己最喜歡賭博，常常趁著週休二日的空檔，到澳門賭場豪賭一番。

第三個大亨不好意思地承認自己性好漁色，一下班就去找美眉尋歡作樂，也曾經在公司和好幾個女秘書發生過性關係。

最後，終於輪到第四個大亨，但是，他卻一副扭扭捏捏的模樣，遲遲不肯說出自己不為人知的缺點。大家見他似乎反悔了，於是輪番逼他必須遵守承諾，否則對其餘三人就太不公平了。

第四個大亨被逼急了，只好開口說：「其實，我最大的缺點，就是喜歡搬弄是非、中傷別人，我真恨不得現在就撥手機，將你們的缺點加油添醋，洩漏給八卦雜誌知道。」

厚臉皮的人比較幸運

幽默作家馬克吐溫在《赤道環遊記》中說：「正因為實話是我們最寶貴的東西，所以我們必須省著點使用它。」

在既聯合又競爭的社會中，讓對方摸不清楚自己的底牌，往往可以在關鍵時刻保護自己。

就像蛇愛吃蛋，貓愛沾腥，每個人也都有各自的癖好，以及特別喜歡或迷戀的東西。一些見不得光的私人癖好，絕對要嚴加保密，千萬不能讓別人知道，否則，一經過唯恐天下不亂的「八卦電台」耳語傳播，不但你刻意維持的形象將蕩然無存，甚至還可能成爲致命傷。

不管做任何事，都要學習故事中第四個科技大亨的智慧，儘量保留自己的秘密，千萬不要輕易和別人肝膽相照，否則很難在弱肉強食的叢林社會全身而退。

想要過著優游自在的日子，臉皮就要厚一點，凡事要爲自己預留轉圜的空間，畢竟天有不測風雲，人有旦夕禍福，誰能擔保今天和你把酒言歡的人，明天不會成爲專門攻訐你隱私的小人？

厚臉皮智典

如果你想要認識你自己，就去看別人的舉動；如果你想要了解別人，就去窺看你自己的心。

——席勒

不要當搞不清楚狀況的菜鳥

印度哲人普列姆昌德說：「世界是一片戰場，在這戰場上，只有洞燭先機的人才能取得勝利。」

美國石油大王洛克斐勒的兒子小洛克斐勒，剛剛踏入商場的時候，就展現出他不同凡響的商業才華。

他的第一樁任務是，前去與銀行家摩根商談出售某座油石事宜。

當他踏入摩根的辦公室，摩根露出鄙夷的神情，認爲他只不過是毫無商場經驗的菜鳥，故意表現出自己很忙碌的樣子，連正眼都不瞧他一眼，足足讓他枯坐了一個小時。

小洛克斐勒知道這是摩根準備殺價的慣用伎倆，不以爲意地悠閒坐著。

一個小時後，摩根終於抬起頭面向他，態度高傲地說：「聽說，你父親有一塊油田準備出售，打算賣多少？」

小洛克斐勒回答說：「我想，大概是您弄錯了，就我所知，是您想買這塊土地，而不是我們想賣出。」

說完，小洛克斐勒不再廢話，逕自推門走了出去。摩根知道自己的伎倆唬不過小洛克斐勒，最後終於依照小洛克斐勒開出的價碼，買下這塊油田，價格比老洛克斐勒預估的多出了三分之一。

厚臉皮的人比較幸運

印度哲人普列姆昌德說：「世界是一片戰場，在這戰場上，只有洞燭先機的人才能取得勝利。」

小洛克斐勒所展現的以靜制動，是一種高段的勝利策略，因爲日常生活中，我們不可能事事爭第一，處處佔上風，因此，更多的時候要面帶善意靜候對方出招，才能從容地見招拆招。

千萬別當搞不清楚別人居心的菜鳥。一味地板著臉孔，費盡心思去提防周遭的小人，只會把自己搞得緊張兮兮，徒然折損自己的生命。

如果，我們無可避免地必須面對身邊的小人，那麼，氣定神閒地把主控權操在自己手中，豈不是更好嗎？

硬碰硬的應對方式，表面上看來是痛快地爲自己出了一口氣，但實際上，卻容易讓自己陷入小人精心設計的迷宮中，以致於無法冷靜面對事情的演變。

厚臉皮智典

一個人能否有成就，只看他是否具備自尊心與自信心兩個條件。

——古希臘哲學家蘇格拉底

用意志力創造奇蹟

如果在你身上從來沒有奇蹟出現，那麼只要你現在下定決心，貫徹始終去做好一件事情，奇蹟很快就會發生的。

人生的開始，是在你跨出的那第一步；奇蹟的發生，是在第一步跨出之後的堅持不懈。

只要你不放棄，跌倒了會再積極地站起來，就算必須重新開始，奇蹟仍會適時出現，陪你一起把不可能的任務完成。

美國醫學界曾經發生過一個令人難以置信的案例。

有個羅伯特的男孩出生的時候雙腳便癱了，病因是先天性胯骨錯位。醫生搖搖頭對他的父母說，他這一輩子是不可能站起來行走了。

當羅伯特慢慢長大，看見別人能自由自在地走路的時候，心裡非常羨慕，他總是不斷地在心裡祈禱，請求上帝幫助自己：「我也要和別人一樣走路，我知道上帝很愛我的。」

終於，羅伯特六歲那年，扶著兩把椅子勉強站了起來，但是只要一跨出步伐，想試著走走，便立刻應聲倒地。

但羅伯特一點也不氣餒，不斷地告訴自己：「羅伯特，如果你想站著走路，就不可以放棄。」

意志是一種神奇的力量。他不斷地向上帝祈禱，也一次又一次地嘗試，最後居然移動了腳步。這時，羅伯特打從內心狂喜地尖叫了起來，他高聲呼喊著：「我站起來了！我能走路了！」

家人全都跑了過來，驚訝得說不出話來，他的父母更是喜極而泣。

羅伯特不斷地嘗試走路，因爲父母親的鼓勵和自己的毅力，後來終於能慢慢地像鴨子般滑行了。從此，他的生活變得非常快樂，生命充滿了活力和動力。

六十多年以後，有一天羅伯特發生了一場意外，造成左膝蓋受傷，隨即被送進醫院，並照了X光。

醫生吃驚地看著X光片，來到他的身旁，無法置信地問道：「你以前是怎麼走路的？」

因爲X光片上顯示，羅伯特的臀部根本就沒有關節，也沒有大腿窩，如何能站起來？又如何能走路呢？

最不可思議的是，羅伯特竟然和平常人一樣活動了六十多年，經過醫生告知，才知道自己的臀部沒有關節和大腿窩！

厚臉皮的人比較幸運

世間的奇蹟無所不在，而且，往往只要充滿意志力，就會創造出凡人無法想像的奇蹟。

羅伯特的故事，正是意志力創造奇蹟的最佳例子。人的生命裡究竟有多少可能性？伯特的用行動回答我們：「人生充滿無限可能」。

如果在你身上從來沒有奇蹟出現，那麼只要你現在下定決心，貫徹始終去做好一件事情，奇蹟很快就會發生的。

人生的開始，是在你跨出的那第一步，奇蹟的發生，是在第一步跨出之後的堅持不懈。只要你不放棄，跌倒了會再積極地站起來，就算必須重新開始，奇蹟仍會適時出現陪你一起把不可能的任務完成。

厚臉皮智典

你無法經由按兵不動的防守策略在世上佔有一席之地，你得藉由攻擊別人並且讓自己熟悉這項技能，方能屹立不搖。

——蕭伯納

隨時與自己對話

只要能突破自己的心防，能在對手發現你的弱點前，自己先行發現並矯正，那麼就沒有什麼障礙可以阻擋你前進了。

獨處的時間很重要，再忙也要找個機會和自己深入對話，整理自己成功、失敗裡的缺漏。

正視它們，或許將缺點重新包裝，也會成為你另一個完美的優點。

凱斯特原本從事汽車維修工作，日子還算過得去，但是，他想讓自己和家人過更舒適的生活，所以開始重找工作，希望獲得更好的待遇。

有一天，他聽說底特律有一家汽車維修公司正在招聘員工，便決定前往一試。

抵達的當天，吃過晚飯後，他在旅館房間內想著自己的過去和未來。

突然間，他對前途感到一種莫名的煩惱，他想：「我的智商又不低，爲什麼至今仍一無所成，毫無出息呢？」

於是，他拿出了紙和筆，寫下四位自己認識多年，薪水比自己高，工作環境也比自己好很多的朋友的名字。

爲了理清問題，他捫心自問：「與這四個人相比，我有什麼地方不如他們呢？是聰明才智嗎？他們並沒比我高明多少。」

凱斯特想了很久，忽然發現了問題的癥結，他明白關鍵出在自己性格和情緒上的缺陷。

這時雖已凌晨三點，但是他的頭腦卻非常的清醒。因爲，這天晚上他清楚地看見了自己，發現自己有著過去一直沒有察覺的自卑傾向。

當下，他立定決心，要求自己不再自貶身價，更不再有不如別人的想法，並改進自己性格和情緒上的缺點。

第二天清晨，他便滿懷著自信前去面試，也順利地被錄用了。

工作了兩年，凱斯特逐漸建立了自己的聲譽，每個人都認爲他是個樂觀、主動且熱情的人，即使景氣不好，多數人的情緒因此而受到影響時，凱斯特卻一點也不受干擾。

不管身處什麼樣的逆境，凱斯特都能樂觀面對，如今他是同行中，少數可以接到生意的人，公司不僅分給凱斯特股分，還調漲了他的薪資。

日後，每當人們問起他如何成功時，他都會想起面試前，那個難得與自己對話的機會，讓他建立自信的那一晚。

厚臉皮的人比較幸運

要看見自己的缺點和弱點，其實一點也不難，只是很多時候，我們習慣用沙土把它掩蓋，卻鮮少想到要將這些生命的缺口縫補起來。

從凱斯特身上，我們可以看到，並非所有的成功都得仰賴超凡的智慧，最重要的是，要對自己充滿信心，一發現自己的不足之處就立刻改善，才能使自己的事業不斷前進，實現自己的夢想。

我們常說：「人最大的敵人不是別人，而是自己」，的確，只要能突破自己的心防，能在對手發現你的弱點前，自己先行發現並矯正，那麼就沒有什麼障礙可以阻擋你前進了。

厚臉皮智典

對一個人來說，如果想要知道自己該向哪裡進攻，在哪裡據守，往哪裡撤退，那麼別急著研究自己，必須先了解你的競爭對手。

——經濟學家戴維．斯托特

8.

PART

不要把「草包」寫在自己的臉上

英國作家毛姆說：

「如果個人都發現自己愚蠢到什麼程度的話，

世上將有一半的人寧願自殺。」

做人何必太「機車」？

卓別林曾說：「用特定鏡頭來看，生活是一齣悲劇，但如果用望遠鏡頭來看，人生卻是一齣喜劇。」

法國海軍爲了預防士兵喝酒鬧事，嚴禁水兵把酒帶到軍艦上。

有一天，一個水兵上岸尋歡作樂後，偷偷帶了兩瓶酒回到軍艦，不巧剛剛登上軍艦，就遇到生性非常「機車」的艦長在甲板上巡視。

艦長看到這個水兵形跡可疑，便趨前從他身上把酒搜了出來。水兵心想，這下子完蛋了，可能要被「機車」艦長禁足好幾次。

不過，「機車」艦長這天心情特別好，故作仁慈地對這位水兵說：「看在你平常表現不錯的份上，這回我不想處罰你。這樣吧，現在我轉過身，你把這兩瓶酒丟到海裡，我就當作沒見到你帶酒上軍艦這件事！」

「機車」艦長說完就轉過身去，才慢慢往前走了幾步，隨即聽到兩聲撲通的聲音，便很滿意地繼續巡視。

這時，只見這個水兵打著赤腳，拎著兩瓶酒，快速衝回船艙，原來，他丟到海裡的是他的兩隻鞋子。

厚臉皮的人比較幸運

默片時代的名喜劇演員卓別林曾說：「用特定鏡頭來看，生活是一齣悲劇，但如果用望遠鏡頭來看，人生卻是一齣喜劇。」

如果你是故事中的「機車」艦長，見到水兵打赤腳，拎著兩瓶酒，背著自己快速衝回船艙，恐怕也會禁不住笑出聲吧？

其實，人生就像是一張弓，不能老是把弦綳得緊緊的，否則就會喪失生命的彈性。

人想要優游自得，應當先學會放鬆心情，不必把人生活得那麼嚴肅。

人並不一定要背負著神聖的使命或課題而活。一個人假使有崇高的理想抱負，想讓自己有一番作爲，那當然彌足珍貴，但是，如果你胸無大志，只想過得平凡平淡，也不必太過自卑。

何妨告訴自己：世間大多數人都是平凡的，平凡就是一種幸福，何必每天活得戰戰兢兢，硬要立下一個龐大的志願，把自己壓得喘不過氣？

每個人的一生中，都會遇到數不清的「機車」艦長，偶爾像打赤腳的水兵發揮機智，讓自己輕鬆快樂一下，其實也不賴！

厚臉皮智典

假使一個人能堅定不移地按照自己本心行事，那麼世界就會轉過來遷就他。

——亞爾培特

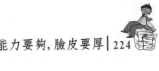

稱讚是致勝的秘密武器

幽默作家馬克吐溫曾說：「恰到好處的稱讚是一種高超的處世藝術，但是，只有少數人才懂得準確掌握它。」

現實社會中，我們經常見到有些人爲了面子問題，老是和別人嘔氣，彼此鬧得不可開交，在關鍵時刻不願放下身段，最後不歡而散。

滿腦子想要爭一口氣，爭得臉紅脖子粗，卻忘記了最終的目的，這樣的爭執又有什麼意義？

小王和女朋友雅麗交往了兩年，最近終於有了「突破性」的發展，兩人開始討論婚嫁問題。

議定之後，小王便利用假日前去拜會未來的岳父大人。

小王依地址找到了雅麗位於陽明山的家，才知道他的準岳父原來是個財大氣粗、俗不可耐的暴發戶。

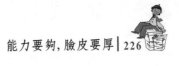

當小王寒暄一陣，正式開口說出婚事的時候，只見準岳父用懷疑的眼神盯著他說：「你口口聲聲說你眞心愛我的女兒，我怎麼知道你不是爲了貪圖我的財產，才想要我女兒？」

小王聽了有點惱火，反唇相譏說：「最近，不是有個壽險廣告常說世事難以預料嗎？其實，我來提親也是冒了很大的風險，你口口聲聲說你是大富翁，我怎麼知道你會不會明天就破產，變成一個窮光蛋？」

厚臉皮的人比較幸運

小王對待準岳父的態度其實是不對的，反唇相譏的結果，只會使他和雅麗的婚事橫生波折，甚至告吹。

正確的做法是按捺自己心中的不悅，厚著臉皮，設法從他身上找到值得讚美的地方，然後毫不吝嗇地加以稱讚一番。

一個成功的人，除了必須隨時保持溫和友善的態度，還應該學會給別人戴高帽子，往別人的臉上貼金。

幽默作家馬克吐溫曾說：「恰到好處的稱讚是一種高超的處世藝術，但是，只有少數人才懂得準確掌握它。」

懂得稱讚別人，你就會比別人多了一項致勝的秘密武器。

因爲，社會上的每個人都渴望被肯定和讚美，懂得人們的這種潛在慾望，便能將別人納入自己的掌握中。

據說，美國鋼鐵大王安德魯·卡耐基的成功秘訣之一，便是善於誇讚員工。他還特地聘請了一位名叫夏布的高帽專家，掌握每個機會對下屬大加讚美，牢牢地捉住員工們的心。

不過，讚美也要講技巧。

有句俗話說：「看什麼魚，放什麼餌；見什麼人，說什麼話」，稱讚別人也是如此，千萬不能張冠李戴，否則就糗大了。

讚美別人最直接有效的方法不是從他的事業、才學、品德方面下手，而是從他的相貌高談闊論一番。

因爲，一個人不論長相再如何醜陋，只要你臉皮夠厚，都可以臉不紅、氣不喘地稱讚他說：「像你這樣的相貌眞是天下無雙，富貴可期，只要努力，前途一定不可限量啊！」

厚臉皮智典

讚揚對高貴者而言是鼓勵，對平庸者而言，則是追逐的目標。

——科爾頓《萊肯》

不要把「草包」寫在自己臉上

英國作家毛姆說：「如果每個人都發現自己愚蠢到什麼程度的話，世上將有一半的人寧願自殺。」

有一天，上作文課的時候，熱愛文藝創作的國文老師，要全班同學先利用第一堂課，各寫一首新詩，然後在第二堂課輪番朗誦。

到了第二堂課，大家開始朗誦自己的作品，但是，由於大部分的作品都寫得不好，老師聽得連連搖頭。

意外的是，輪到平常作文寫得最爛的小明朗誦的時候，老師卻面露微笑，頻頻點頭。這個舉動令小明心裡十分得意，便擺出誇張的肢體動作，賣力朗誦自己的詩作。

小明朗誦完後，老師突然步下講台，朝小明的座位走去。小明一心以爲老師特地要當著全班同學面前誇獎他，誰知，老師走到他面前，竟然伸出右手，對小明說：「幸會幸會，徐志摩先生，您不是幾十年前就墜機去世了嗎？到底是什麼時候投胎轉世的？」

厚臉皮的人比較幸運

英國作家毛姆說：「如果每個人都發現自己愚蠢到什麼程度的話，世上將有一半的人寧願自殺。」

大多數人的生命之所以膚淺、卑微，就在於他們只知道抄襲剽竊，對自己的生命所下的功夫太淺薄。

他們無法歡呼收割，是因爲他們播撒在心田的種籽原本就不多，而且大多是從別人那裡偷來的、快腐爛的種籽。

一個人如果不懂得爲自己的人生打好基礎，就會專靠抄襲得過且過，而且不知藏拙，硬要用剽竊來的東西裝飾自己。

這樣的人，等於將「草包」兩個大字寫在臉上，不論走到哪裡，都將淪爲別人茶餘飯後的笑料。

人生是個心智成長過程，不曾用心爲自己培養智力、能力的人，不但難以應付目前的事物，更無法因應時空環境的劇烈變化，注定要在人生路途中跌跌撞撞，一敗再敗！

厚臉皮智典

有些人的腦袋，就像他們的帽子一樣，很容易就被風吹走。

——佚名

妳也可以成為暢銷作家

俄國文豪高爾基在《懺悔》一書中寫道：「要使幻想中的宮殿變成現實的宮殿，必須通過埋頭苦幹、不聲不響的勞動，一磚一瓦地去努力建造。」

在某個社交場合，美國幾個出版界的大亨齊聚一堂，談論最新的出版趨勢，並聊到幾個女暢銷作家的成名過程。

其中，一位陪同丈夫出席的貴夫人，不甘打扮得雍容華貴的自己遭到冷落，便以充滿醋意的口吻說：「哼，這有什麼了不起？她們只不過是運氣比別人好罷了。」

這位貴夫人並舉一個例子，繼續說道：「例如，暢銷書《飄》的作者密契爾，不就是靠媒體炒作，而一夕成名的？我只是不想寫作而已，不然的話，我也會成爲一個超級暢銷作家！」

這時，一位出版大亨插嘴說：「妳講的沒錯，可是，妳可能不知道，密契爾小姐在成名之前，每天寫作寫到天亮，而且連續寫了十八年。要是妳能連續寫十八年，當然會變成暢銷作家。」

厚臉皮的人比較幸運

的確，即使文筆再差的人，只要肯孜孜不倦地鍛鍊自己的文筆，每天寫作寫到天亮，而且連續寫了十八年，自然而然就會像密契爾一樣，變成暢銷作家。

日本名歷史小說作家山岡莊八費了十八年時間寫成《德川家康》，就是最好的例證。

俄國文豪高爾基在《懺悔》一書中曾經寫道：「要使幻想中的宮殿變成現實的宮殿，必須通過埋頭苦幹、不聲不響的勞動，一磚一瓦地去努力建造。」

事實證明，絕大多數的成功人士，並不必然比別人更聰明、更有才華，但是，一定比別人更堅韌，更有毅力。至於絕大多數的失敗者，也不見得比別人愚蠢駑鈍，只是他們一味羨慕、嫉妒別人成功的表象，不肯腳踏實地去努力，或是在模仿過程中迷失了湛然自我。

想要獲得成功，就要緊緊把握稍縱即逝的時光，把全部的熱情與心血都傾注到當下。無論今天是陽光燦爛還是陰雨連綿，無論目前自己是一帆風順還是崎嶇坎坷，爲了自己的志向，該拼搏時就要奮勇拼搏，該有所犧牲的時候，就要無畏無懼地犧牲。

厚臉皮智典

在這個時代，在這千百年間，最美麗、最值得追求的，正是荊棘編成的冠冕。

——俄國作家涅克拉索夫

今天摸魚，明天就會被炒魷魚

日本正受禪師曾說：「最重要的就是今天的心。如果你今天草率行事，明天就會無事可做。」

大發明家愛迪生自行開設第一家工廠的時候，遇到一個頭痛的問題，那就是，所有的工人似乎對掛在牆上的壁鐘很感興趣，不但工作的時候，老是抬頭看著時間，而且下班時間一到，便爭先恐後地衝出工廠。

愛迪生爲了這個問題苦惱了很久，最後終於想出一個解決的妙策，高興地喃喃自語說道：「愛看，就讓你們看個夠！」

他去買了十六個壁鐘，分別掛在四周的牆壁上，但是，把這十六個壁鐘的時間，調得完全不一樣。

從此以後，再也沒有人工作的時候望著牆壁，也沒人下班時間一到，就爭先恐後地衝出工廠。

厚臉皮的人比較幸運

日本正受禪師曾說：「最重要的就是今天的心。如果你今天草率行事，明天就會無事可做。」

工作時間喜歡看鐘看手錶，抱怨時間過得太慢的人，有必要牢牢記住正受禪師這番話，因爲，如果你再不改變自己混水摸魚的心態，很快的就會被工作環境淘汰。

即使是從事自己不喜歡的工作，也要試著全心投入，以最大限度去努力，下最深的功夫，呈現最佳的成果，說不定這些原本令你覺得厭煩的工作，能激發出生活的新動力！

不要抱怨自己從事的是微不足道的瑣碎工作；無論身處什麼環境，如果你能盡力將自己分內的工作完成，必定會獲得別人信賴，而且可以透過工作來培養自己的實力。

等你累積了一定程度的實力，再試著要求自己去做各式各樣的工作，漸漸的，你就能提昇自己的層次，讓別人刮目相看。

厚臉皮智典

判別一個人是否偉大的標準，就是看他為了自己的工作付出了何種犧牲。

——奧地利作家維特根斯坦

不要只顧著驚聲尖叫

> 作家吉崔利曾說：「越無知的人越容易受輕蔑，因為他們不了解人生的真諦，所以顯得愚蠢。」

小莉剛剛學會開車，考到駕照後的隔天，就趁著老爸睡午覺，興奮地偷開他的車出去兜風。

當她一邊聽音樂一邊哼歌，把車子開上快速道路不久，前面的車子突然緊急煞車，小莉一時反應不及，碰的一聲撞了上去。

前面車子的車主，下車察看愛車的慘狀後，二話不說，馬上打手機找交通警察來處理。

交通警察前來製作筆錄的時候，看了看小莉的駕照，見她是新手上路，便趁機告誡她說：「小姐，妳開車時，應該要兩眼盯著前面，盡力避免意外事故發生才對啊。」

小莉一臉沮喪但又不願認錯，辯解說：「車禍發生的時候，我確實是這樣沒錯啊，我兩隻眼睛睜得好大，直盯著前面，而且盡力尖叫，誰知道還是撞上前面的車子。」

厚臉皮的人比較幸運

作家吉崔利曾說：「越無知的人越容易受輕蔑，因為他們不了解人生的真諦，所以顯得愚蠢。」

看完這個笑話，或許你會覺得小莉未免太離譜了，看到前方的車子緊急煞車，不知採取緊急應變措施，卻只睜著雙眼大聲尖叫，事後還辯稱自己已經「盡力」了，但事實上，在日常生活中，類似小莉這樣的人卻不在少數。

譬如說，在全球經濟不景氣影響下，各行各業景氣蕭條，加上銀行銀根緊縮，許多企業紛紛宣告倒閉，過去經營順利、業務蒸蒸日上的公司，面對諸多不可預測的變數時，最好的策略就是「以退爲進，轉攻爲守」，收斂躁進的銳氣，穩紮穩打，謹愼思考如何撐過難關，如此，企業才能永續經營下去。

此時，如果還認不清大環境的變化，不緊急踩煞車，反而盲目的增資冒進，試圖大舉擴充企業版圖，只會爲自己帶來不測的命運，到最後唯一能做的，也許就像小莉一樣，睜著眼睛驚聲尖叫。

厚臉皮智典

明察他人的過失，忘記自己的錯誤，是所有的傻瓜共同的特質。

——古羅馬思想家西塞羅

別用鑽戒換來心痛的感覺

> 基爾．凱絲勒：「愛情不是狂熱的結晶，而是理解的別名。一見鍾情只是感情的衝動，不是理智的愛情。」

小湯暗戀阿雅已經很久了，雖然展開死纏爛打的策略，苦苦追求了兩三年，無奈落花有意流水無情，阿雅硬是對小湯不來電。

小湯覺得，再這樣下去也不是辦法，決定使出撒手鐧。

於是，他費盡口舌把阿雅約到愛河邊，然後從口袋掏出一顆鑽戒遞給阿雅，語氣堅決地對她說：「我們認識已經這麼久了，難道妳還不明白我對妳的一片癡情？現在給妳兩個選擇，一是收下鑽戒，接受我求婚；二是退回鑽戒，讓我跳河自殺！」

阿雅盯著鑽戒，遲疑了許久，終於開口對小湯說：「我很喜歡這個鑽戒，但是又不想答應你的求婚，既然你意志這麼堅決，那我們何不選擇一個折衷的辦法，請你先把鑽戒送給我，然後再跳河自殺！」

厚臉皮的人比較幸運

任何事情都有正反兩面。如果你抓的是刀刃，最好的事情也會傷害你；而如果你抓的是刀柄，最有害的事情也會保護你。

就像故事中的小湯，把鑽戒視爲求婚的利器，但是，非但沒有達成目的，反而讓這個利器刺傷換來一陣心痛的感覺。

其實，人生是一個生命流轉的過程，坦然地接受眼前的一切最爲明智。心裡的嗔癡愛恨填得太滿，做人的章法就會大亂；行事急於尋出結果，腳下的步伐就不再穩健。

有人在分析日本戰國三雄的行事風格時說，杜鵑鳥不啼叫的時候，織田信長會手握長劍逼迫牠叫，豐臣秀吉會百般逗弄引誘牠叫，德川家康則靜靜守在一旁，等待牠自己啼叫；你會選擇哪一種方式讓杜鵑鳥啼叫？

美國作家基爾．凱絲勒在《如何找個好丈夫》一書中寫道：「愛情不是狂熱的結晶，而是理解的別名。一見鍾情只是感情的衝動，不是理智的愛情。」

如果你真的愛一個人，應該多用心去理解她的感受，旁敲側擊打探她的意思，耐心等待她的回應，萬一愛情的發展不如預期，又何妨敞開心胸，遙祝對幸福快樂。

厚臉皮智典

愛情是一朵開在懸崖絕壁上的芬芳的花，想摘取它必須有足夠的勇氣。

——法國思想家司湯達

不要再用舌頭規劃自己的人生

> 英國作家史賓塞在《牧人日記》裡說：「千方百計想摘下星辰的人，往往絆倒在一根稻草上。」

有位作家曾經這麼說：「臉皮不夠厚，能力不夠紮實的人，往往是成功的絕緣體。」

在競爭激烈的現代社會，想要出人頭地，有時臉皮非比別人厚不可！有實力的人，更必須厚著臉皮替自己創造運氣。不過，我們也常常見到某些人臉皮比犀牛皮還厚，能力卻比豆腐渣工程還要弱。

這種眼高手低的人，當然會遭到別人恥笑。

小方是一個很想一舉成名，卻又很懶得動手創作的文藝青年。某次，他興沖沖地跑到一家出版社串門子，大家一見到專會講大話的「舌頭作家」又來疲勞轟炸了，紛紛藉故閃避這個不速之客，只有阿正閃避不及，被小方纏住。

小方滔滔不絕地對阿正說，自己打算寫一本一千頁的長篇小說。儘管阿正急於結束這次談話，幾次暗示他先把大綱擬出來再說，但是小方還是陶醉在自己的美夢之中，不斷強調自己一定會成爲暢銷作家，搞不好還會繼莫言之後，成爲另一個獲得諾貝爾文學獎的華人作家。

最後，小方總算說出了結語：「能夠把自己的願景，和別人一起分享，感覺實在不錯，我剛有這個寫作構想的時候，頭痛得要命，現在一點都不痛了！」

倒楣的阿正沒好氣地說：「那是當然，因爲，你已經把你的頭痛，全部轉移到我的腦袋了！」

厚臉皮的人比較幸運

有位名作家寫道：「人總是經過幾番折騰後才會大徹大悟，懂得生命的甘苦與艱辛，珍惜與留戀當下的時光。失去的愛情可以追回，荒廢的事業可以重振，心靈的創傷可以撫平，唯有時光不會倒流，過去的將永遠成為過去。」

許多人往往像故事中的小方一樣，只會用舌頭將自己的人生願景說得天花亂墜，卻從不肯腳踏實地去實踐，整天沉浸在對明天的憧憬和幻想之中，而漠視「今天」的存在。

這樣的人，生命在蹉跎之中渡過，最後當然一事無成。

英國作家史賓塞在《牧人日記》裡說：「千方百計想摘下星辰的人，往往絆倒在一根稻草上。」

生命的流程中，「今天」是最容易得到的，就像空氣和陽光與我們同在一樣，因而，沒有多少人特別關心今天自己到底有沒有認眞努力，卻妄想著明天會因爲自己的幻想而變得更好。

然而，仔細想想，「今天」卻也是最容易失去的，好比容易褪色的青春和美麗，轉瞬間就成了明日黃花，人們總是在「今天」倏然飛逝之後，才開始追尋它的蹤跡。

比起無法喚回的昨天和難以預卜的明天，今天才是最真實、最重要的，從今天起，不要再用舌頭規劃自己的人生了。

此外，對於周遭那些光說不練的「夢想家」，也要學會勇敢說「不」，拒絕他們闖入自己的心靈空間，浪費自己的生命。

厚臉皮智典

生活在幻想之中的人就像醉漢，滿口囈語，雙手顫抖，全身軟弱無力，最後一事無成。

——愛默生

9.
PART

戰勝自己的缺陷就能成功

英國小說家傑羅姆說：
「偉人之所以成功，
有時是妥善運用自己的優點，
有時則是戰勝自己的缺陷。」

想前進一尺，有時必須先後退一步

日本作家扇谷正造說：「世界上最聰明的人，就是懂得使用聰明人的人，使世界上的知識為自己所用。」

一個成功的人，除了自己要有本事之外，最重要的必須要臉皮夠厚，也就是不要因爲別人的嘲笑和異樣眼光，就放棄原本的目標，如此，才能夠不瞻前顧後，做一個扭轉自己命運的主人。

美國著名的政治家霍普金斯，三十歲那年就獲得殊榮，受聘擔任芝加哥大學的校長。

許多資深教授和學校職員對於這項人事案心中相當不滿，紛紛質疑霍普金斯那麼年輕，是不是能勝任大學校長的職位。

霍普金斯明白眾人心中的懷疑和猜忌，也知道自己想更上層樓，就必須化解眼前這些阻力。

於是，他在就任典禮上，謙虛而且相當感性地說道：「像我這樣一個三十歲的年輕人，所見所聞是那麼淺薄，需要仰賴各位前輩幫忙的地方，實在太多太多了。」

霍普金斯短短的一番話，使那些原來忌妒、懷疑他的人，緊繃的情緒一下子就放鬆了，認爲他是一個虛懷若谷的年輕人，心中的敵意隨即消弭於無形。

厚臉皮的人比較幸運

日本作家扇谷正造說：「世界上最聰明的人，就是懂得使用聰明人的人，使世界上的知識為自己所用。」

像霍普金斯這樣以退爲進的謀略，一般人很難理解箇中的奧妙，因此大多不願採用。

許多人遇到了這種情況，往往喜歡表現得自己比別人高明、強大，或者極力想證明自己確實是有特殊才幹的人，然而，結果往往適得其反，徒然加深雙方的心結。

想要提昇自己的處世競爭力，做人做事一定要講究策略和技巧，如果你臉皮不夠厚，那麼，非但無法達成自己的目的，而且還會陷入各種無法預知的陷阱和圈套，使自己的人生充滿危機……

作家維爾曾經寫道：「現實中的困難皆可克服，唯獨礙於面子問題，而不敢去突破的困難無法解決。」

的確，面對外界的阻力，我們往往爲了面子問題而做出錯誤的因應舉動，然而，這不僅無法眞正解決問題，可能還會因此爲自己招來失敗的厄運。

以退讓開始的人，終將以勝利收場，因爲，你可利用言詞的讚美和形式上的尊重，掌握他人的意志；你也可以表面上以他人的利益爲重，實際上則爲自己的利益開闢道路。

爲了向目標前進一尺，有時候就必須先退一寸。

讓步其實只是暫時的迂迴策略，想要避免在現實社會中吃大虧，就不應計較在言詞上或形式上吃點小虧。

如果你能將退讓的策略妥善加以運用，無形之中，你就減少許多敵人，獲得許多助力，達到借力使力的效益。

厚臉皮智典

只要你能把機會抓牢，就不用擦拭悔恨的眼淚；然而，一旦你坐失良機，就永遠也擦不完那傷心的眼淚。——英國詩人布萊克

你只不過是顆馬鈴薯

荷蘭思想家史賓諾莎說：「虛榮心重的人，所欲求的東西，無過於名譽，所畏懼的東西，無過於羞辱。」

成功學大師戴爾．卡耐基曾說：「天下最悲哀的人，莫過於本身沒有足以炫耀的優點，卻又將可憐的自卑感，用令人厭惡的自大自誇來掩飾。」

與其爲了掩飾自己而自大自誇，倒不如多花點功夫充實能力，讓自己多一些競爭力。

二十世紀最偉大的激勵大師戴爾．卡耐基，是個著名的演說家，時常在美國各地進行巡迴演講。

有一次，他又應邀前去某個文化團體演講，到達會場的時候，照例受到相當熱烈的歡迎。

誰知，當天的司儀是一個自命不凡的年輕人，拿起麥克風後，竟然佔用卡耐基的時間，滔滔不絕地誇耀自己的家世淵源，在場的聽衆雖然覺得厭煩，但又不好意思打斷他。

卡耐基等了很久，終於按捺不住，起身說道：「司儀先生，你大談光榮的家世，使我想起大哲學家培根說過的一段話，他說：誇耀自己祖先的那些人，正像馬鈴薯，最有價值的部分是留在地下……」

厚臉皮的人比較幸運

荷蘭思想家史賓諾莎說：「虛榮心重的人，所欲求的東西，無過於名譽，所畏懼的東西，無過於羞辱。」

不必誇耀你的家世淵源、名聲財富，或者幹過什麼豐功偉績，你是什麼樣的

一個人，其實清清楚楚映現在別人的瞳孔裡。

有位智慧家說：「二十歲時你如同孔雀，三十歲時你會作獅子，四十歲時你就如駱駝，五十歲時你好比蛇精，六十歲時你像一隻狗，七十歲時你像猴子，到了八十歲時，就什麼都不是了。」

時間的流轉可以使植物成長，卻不一定會讓每個沐浴在時光中的人都變得更聰明、更有智慧，更懂得用理性的眼光，去判斷世間錯亂紛雜的是是非非。

人的心智必須隨著時間而成長，才有躍昇到更高境界的可能性，否則，你就會像馬鈴薯，永遠讓生命最有價值的部分，被泥土埋藏在地底下。

厚臉皮智典

蠢才狂妄自大，他自鳴得意的，正好是受人譏笑的短處，而且往往把應該引以為奇恥大辱的事大吹大擂。

——克雷洛夫

尋找皆大歡喜的結局

英國詩人斯溫伯恩曾說：「人們在尖刻的話語和機敏的辯才中摘不到果子，在他們搖撼大樹的根部時，得到的是扎人的刺。」

第二次世界大戰結束後，法國和西班牙邊界上，有一個法國哨兵站崗站得十分無聊，便開始和不遠處的西班牙哨兵抬槓，談論第三次世界大戰什麼時候會爆發。

法國哨兵先問西班牙哨兵：「如果爆發第三次世界大戰，你認爲蘇聯會先攻打哪個國家？」

西班牙哨兵譏笑說：「當然先攻打法國，因爲法國人最沒有骨氣，最好打了，兩三下就投降了。」

法國哨兵又問：「那照你估計，蘇聯要花多少時間才能攻下法國？」

西班牙哨兵回答說：「照我看，差不多一個禮拜就搞定了。」隨後，他又驕傲地說：「如果蘇聯想攻打我們，那至少得花上一年時間。」

法國士兵譏笑地說：「不，我認爲至少得花上兩年時間，因爲你們的公路那麼爛，蘇聯的坦克根本沒辦法走，他們得先花上一年的時間，把你們的那些爛公路修好！」

厚臉皮的人比較幸運

英國詩人斯溫伯恩曾說：「人們在尖刻的話語和機敏的辯才中摘不到果子，在他們搖撼大樹的根部時，得到的是扎人的刺。」

只要是爭吵，雙方的立場一定都是對立的，尤其是意識型態的爭論。

但是，如果把爭論的焦點由擊敗對方，轉向擊敗共同的敵人，那麼雙方就同時能獲得好處，何樂而不爲呢？

譬如說，故事中的法國士兵，既然想和西班牙士兵聊天消磨時間，其實大可不必爲了誰會先被蘇聯攻下而唇槍舌劍，彼此辯得面紅耳赤，倒不如想些鐵幕笑話來消遣共同的敵人蘇聯，不是落得皆大歡喜嗎？

人與人相處也是如此，只要把人際間的衝突看做是能夠解決的，彼此進行良性互動，那麼，就能找到一個創造性的辦法來解決爭端，最終雙方都能得到一個可以接受的結果。

厚臉皮智典

不尊重別人的自尊心，就像是一顆經不住陽光照射的寶石。

——瑞典化學家諾貝爾

你也可以化腐朽為神奇

> 愛因斯坦曾經說：「一個人的真正價值，首先決定於他在什麼程度上和什麼意義上，從自我解放出來。」

保加利亞政治家鮑里索夫曾說：「要相信你的能力，那麼許多事情就算是不可能，也會變成可能。」

的確，我們應該相信自己是有能力的，而且，要把這種能力徹底發揮出來，如此，最後成功才會屬於自己。

小雅是個哈日族，最崇拜某某少女團體，儘管歌唱得五音不全，卻偏偏認爲自己的聲音有如黃鶯出谷，絕對能成爲超級偶像歌星，於是報名參加某家電視台的歌星甄選活動。

當她試音完後，嬌滴滴地問評審老師說：「老師，依您看，我的音質還好吧？以後會不會成爲偶像歌星，紅透半邊天？」

評審老師面有難色地回答說：「這點我無法預測，因爲一個人能不能走紅，多少必須靠點運氣，但是我倒認爲妳的聲音很特別，發生火災的時候，一定派得上用場。」

厚臉皮的人比較幸運

看完這則故事，你會不會認爲小雅臉皮未免太厚，太不自量力了，五音不全還想當偶像歌星？

如果你有這種鄙夷的想法，說明你並不了解每個人的生命內層，其實暗藏著一股化腐朽爲神奇的念力，只要堅信自己一定會成功，即使是資質平庸的人，也可以成就一番偉大、神奇的事業。

愛因斯坦曾經說：「一個人的真正價值，首先決定於他在什麼程度上和什麼意義上，從自我解放出來。」

其實，人體億萬細胞之中，存在著難以臆測的龐大潛力，只要能喚醒這種潛力，任何人都可以做出種種神奇的事來，只是大部分人尚不能發現並且妥善加以利用罷了。

既然我們明白自己的生命之中，鎖藏著巨大的能量，那麼，就應當趕快加以發掘，何必因爲肢體某方面有缺陷，就妄自菲薄呢？

厚臉皮智典

命運的主宰是人自己，而人自己的主宰就是意志。左右人類一切的，通常都是人的意志。

——伏爾泰

戰勝自己的缺陷就能成功

英國小說家傑羅姆說：「偉人之所以成功，有時是妥善運用自己的優點，有時則是戰勝自己的缺陷。」

想要成功，除了要有本事之外，最重要的必須要臉皮夠厚，千萬不要因爲別人的嘲笑和異樣眼光，就放棄原本的堅持。如此，才不會瞻前顧後，才能做一個扭轉自己命運的主人。

有一個心理學家某次應邀演講的時候，強調人的某些專長，往往是從本身的缺憾發展出來的。

他並舉例說，譬如患有氣喘的少年，以後可能成爲長跑名將，視覺有問題的人，有可能成爲舉世聞名的大畫家……

當他說得口沫橫飛的時候，突然有位聽眾舉手打斷他的話，說道：「照您這麼說，一個人會成爲心理學家，極可能是因爲他從小就心理不正常了囉！」

厚臉皮的人比較幸運

英國小說家傑羅姆說：「偉人之所以成功，有時是妥善運用自己的優點，有時則是戰勝自己的缺陷。」

心理不正常的人日後會成爲心理學家，或許只是一個諷刺笑話，但是，不可否認的，有許多偉人都是因爲本身種種缺陷的刺激，才獲得寶貴的成功。

曾經有科學家指出，這種因爲缺陷造成的刺激，使得他們得以發揮七十五％以上的潛在能力；假如沒有這種缺陷刺激，恐怕連二十五％能力也發揮不出！

貧窮、飢餓、艱苦的環境，以及種種缺陷，都是造就偉人的因素。當巨大的變故、重大的責任壓上一個人的肩膀時，潛伏在他們生命最內層的種種能力，往往會突然湧現出來，推促著他們做出非凡的大事。

歷史上這樣的例子很多。譬如，爲了要彌補自己身體上的缺陷，許多人因此而修煉了可敬的品格；感覺到自己其貌不揚、甚至醜陋的人，往往能在學問、事業上有所成就。

特殊缺陷的刺激並非人人都有，所以世界上眞正能發現「自己」，把內在最好、最強的能力發揮出來的人也不多。一般人往往不明白自己的生命潛能，一輩子也不去發現利用它，眞是一件可惜的事！

厚臉皮智典

我們經常死盯著那扇關閉著的門，以至於看不見另一扇為我們敞開的門。

——瑞士作家凱樂

不要把別人都當成侏儒

英國作家柴斯達賴曾說：「人會認識宇宙，然而卻不認識自我；自己比任何星球都來得遙遠。」

小林當了一年餐廳學徒，自認學會了廚房裡的十八般武藝，可以出師了，於是自行創業。

豈料，餐廳熱熱鬧鬧開幕之後，生意卻其差無比，連開幕時前來捧場的親朋好友都不再上門。小林百思不解，想不出原因究竟出在哪裡。

有一天，一個新客人到小林的餐廳用餐，吃沒幾口就停下筷子，要求服務生找老闆過來。小林以爲是服務生服務不周到，於是神情緊張地從廚房快步走到這位客人的旁邊。

這位客人說道：「老闆，你們餐廳的廚房，想必相當重視乾淨！」

小林聽了，不禁鬆了一口氣說：「謝謝您的誇獎！從事餐飲業，保持廚房的整潔乾淨，是理所當然的事……」

小林還想繼續宣揚自己的理念，這位客人這時卻翻了白眼說：「不過，你們的沙拉脫未免用得太多了吧？每道菜都有沙拉脫的味道！」

厚臉皮的人比較幸運

英國作家柴斯達賴曾說：「人會認識宇宙，然而卻不認識自我；自己比任何星球都來得遙遠。」

不能正視自身的缺點，缺乏自知之明，是好高騖遠的人最常見的特徵。這種人不切實際，既脫離現實，又脫離自身。

做任何事之前，應該考量自己有多大的本事，有多少實力。

沾沾自喜於過去某方面的小成績，就不會發現自己有什麼缺陷；缺乏自知之明，心中就只充塞著自己的龐大影像，把別人都當成侏儒，總是抱著懷才不遇的感覺。

人一脫離了現實，便只能生活在虛幻之中；沒有堅實的根基，只是沙漠中的海市蜃樓。

想要從事任何一種行業，都必須先培養眞正的本領和能耐，否則就會變成另一個小林，連菜都洗不乾淨就開起餐廳，結果當然門可羅雀。

厚臉皮智典

你最不愛吃的藥，往往能治好你的病；你最不愛聽的話，往往對你最有益。

——佚名

受到攻擊，千萬別當場抓狂

富蘭克林在《格言曆書》中：「把別人對你的詆毀記在塵土中，而把別人對你的寬容刻在大理石上。」

杜魯門就任美國總統不久後，有一次特地邀請前任總統胡佛重返白宮，出席某項重大典禮。

誰知，杜魯門慷慨激昂發表演說的時候，竟然將矛頭指向胡佛，大肆指責他過去的政策是錯誤的。

這個突如其來的舉動，使得胡佛尷尬不已。

幾天後，杜魯門又邀請胡佛參加某項重要慶典。

胡佛擔心杜魯門又會玩相同的花招，但是國家元首的邀請又不好推辭，於是一見到杜魯門，就先下手爲強，抱怨說：「我必須坦白對你說，你上次那種行爲，實在相當卑鄙下流。」

杜魯門笑嘻嘻地回答說：「這點我承認，不過，你也知道，政治就是這麼回事，你當總統的時候還不是一樣？老實說，我唸演講稿唸到那個地方，也有點唸不下去。」

胡佛聽了以後，不禁莞爾一笑，不再記恨上次的事了。

厚臉皮的人比較幸運

人與人的交往是十分複雜的，只要有些不小心，即使是視爲知己的好朋友，也會變成仇敵。與人相處，小小的誤會、摩擦在所難免，當你無緣無故受到攻擊的時候，千萬別當場抓狂，也不要像小孩子，一不合自己的意就大吵大鬧。因爲，爭吵一旦開始，以後就處處都是吵架的導火線，結果當然會鬧得雞犬不寧，成爲生活上的一大威脅。

遇到不如人意的事情，不妨先忍一口氣，對自己的言行反躬自省，如果確實沒有不當之處，再私下找機會和對方溝通，也許就能大事化小，小事化無。

人與人相處，如果心中沒有芥蒂，彼此就能夠和睦相處，一些雞毛蒜皮的小事，都可以一笑置之。然而，一旦彼此心裡有了成見之後，常常就會出現「言者無心，聽者有意」的情形，簡直把對方當成假想敵；對方的言行舉止，往往都是惹自己生氣的根源，因爲你會把對方所有的言行，統統看做是故意的。

富蘭克林在《格言曆書》中：「把別人對你的詆毀記在塵土中，而把別人對你的寬容刻在大理石上。」

忍耐一時，其實並不困難。如果人與人之間能互相謙讓，維持和諧的人際關係，就可以免去無謂的紛爭，多一分助力，又何樂而不爲呢？

厚臉皮智典

虛僞狡猾的人，有三個特點：一張嘴巴，兩根舌頭，三副腦袋。

——巴基斯坦諺語

當「淘金客」，不如做「冶金人」

> 聰明的人會在被挖走金礦的土地上，試著創造另一個發財的奇蹟，而不是黯然放棄這片看似荒蕪的土地。

十九世紀，美國加州各地掀起了陣陣淘金熱。

儘管有人眞的因爲挖掘到黃金而衣錦還鄉，但是，大多數發財致富的人，靠的是另類的辦法。

例如，李維發明了「李維牛仔褲」，賣給淘金客而大發利市，賣圓鍬、賣鏟子，甚至賣水的，都從中獲得了比淘金客更多的財富。以下則是一個另類的發財故事。

自從傳出有人在薩文河畔發現金沙之後，淘金客便從四面八方湧入。他們尋遍了薩文河的整個河床，還在河床上挖出了許多大大小小的坑洞，每個人都希望自己能找到金礦，成爲人人羨慕的大富翁。

結局是幾家歡樂幾家愁，有人挖到了金礦，開開心心地抱著金礦返回家鄉，但也有人一無所獲，最後敗興而歸。

當然，也有人不甘心夢想落空，繼續駐紮在這裡尋找「希望」，彼得．弗雷特便是其中之一。

他在河床附近買了一塊土地，搭起小木屋，把所有的希望都押在這塊土地上。爲了尋找金礦，他日以繼夜地在這塊土地上努力工作。

但是，埋頭苦幹了好幾個月，偌大的土地也被挖得坑坑巴巴，他卻連一粒金沙都沒有發現。

熬了六個月之後，他身上連買塊麵包的錢都快沒有了，這才不得不覺醒，決定另謀出路。

然而，就在他即將離去的前一天晚上，天氣忽然驟變，下起了傾盆大雨，而

且一連下了三天三夜。

第四天，大雨終於停了，彼得走出了小木屋，卻發現眼前的土地完全變了個樣，與先前完全不同，那些坑坑巴巴已被大水沖刷平整，一大片土地變得鬆軟許多，似乎有許多綠茸茸的小草就要冒出來了。

彼得看著這片土地，忽然靈光一閃：「我在這裡雖然沒找著金子，但是土地仍然是我的啊！如果在這麼肥沃的土地種花，我就可以將鮮花運到鎭上去販售，這麼一來，我不是也能賺到許多錢？只要努力工作，那麼有朝一日，我也會成爲富翁……」

彼得認眞地望著鬆軟的土地，彷彿看到了另一個未來的希望。他用力地吸了一口氣，然後對著土地喊叫：「我不走了！我要在這裡種花！」

彼得眞的留下來努力地開墾土地，研究花卉品種，認眞培育這些花苗。

很快地，各種美麗嬌艷的花朵，在這一大片土地上嫣然綻放。

彼得把鮮花運送到鎭上去販售時，許多顧客都稱讚道：「哇！你們看，這些鮮花多麼美麗啊，我們從沒見過這麼鮮艷的花朵！」

因爲彼得的花比別人的便宜，品質也比別人好，許多商家紛紛找他購買，才幾個月的工夫，他便成爲花市的唯一供應商。

五年後，彼得眞的實現了夢想，完成了成爲大富翁的願望。

厚臉皮的人比較幸運

聰明的人知道，當別人已經把一塊土地裡的黃金挖走了，就不能再指望這塊土地會繼續冒出黃金。

所以，聰明的人會在這塊土地上，試著創造另一個發財的奇蹟，而不是黯然放棄這片看似荒蕪的土地。

就像彼得一樣，從一無所獲的淘金客，轉變爲成功的花卉供應商，其中的關鍵，正是他將自己轉換爲「金礦」的創造者。

沒有人不想擁有財富，每個人都希望自己能擁有永久的財富，但財富要從哪裡來呢？

金礦再多，總會有被挖光的一天。只要你不再只想當個不切實際的淘金客，能腳踏實地創造自己的財富，你的財富自然能長長久久。

厚臉皮智典

證據顯示，當人類面對不確定性時，所有的決定和選擇，都只是再重複非理性、不一致性及無能而已。

——經濟評論專家柏恩斯坦

10. PART

偶爾做個「無賴」也不錯

你可以決定自己的人生要走往何處，
也可以讓自己越活越年輕。
別人根本無法鑑定你存在的價值，
也無法帶領你去你想去的地方。

每一次失誤，都是成功的前奏

如何把失誤的懊悔，修正為正確的新方法，其實只需要一點創意與膽識。

許多正確的結論或是甘美的果實，其實是從不經意的錯誤中獲得的。發生錯誤的時候，明智的人不會光坐著懊惱，而是會積極而樂觀地尋找其他方法加以補救。

威爾．凱洛格年輕的時候，曾在哥哥開設的療養院做雜工。雖然是親兄弟，但威爾的哥哥約翰卻是個十分吝嗇的人，支付給弟弟的工資非常少。做得很不開心的威爾，不久便離開了哥哥，決定尋找別的出路。問題是，當他離開後，卻又對自己的前途感到茫然，於是，他再次回到療養院幫忙。

有一天，一個陰錯陽差，讓威爾的命運有了重大的變化。

那天晚上，威爾前來協助哥哥試製一種容易消化的新食品。到了晚上十點，工作人員都已經下班，只剩威爾．凱洛格一個人仍在廚房裡辛苦地工作著。

威爾是個非常有幹勁的人，只要一投入便停不了手，非得把事情做到最好才肯收手。他將麵團放進熱水裡燙，接著再放進鍋裡煮，並從長短不一的烹煮時間裡測驗，以找出最好的效果。他用麵桿將煮好的麵團擀成薄片，並分批堆在一個地方，等著第二天來看成果。

忙碌了一個晚上，不知不覺已經夜深了，威爾匆匆地收拾好工作環境，這才拖著疲憊不堪的身子，離開了廚房。

但是在臨走時，他卻忘了一個被反扣在大盆底下的麵團。

第二天早上，威爾一醒來便想起了這個失誤，連忙趕到廚房。

他揭開了大盆，拿來了麵桿，想試著救回這個麵團，不料才捉起這個麵團，便在手上捉碎了。原來，麵團受了潮氣，所以一拾就碎，無法再使用了。

威爾不敢將此事告訴哥哥，也不敢將已經碎掉的麵片扔掉。於是，他偷偷地將這些碎片煮了一點，試試還有沒有辦法補救。

就在他品嚐過後，發現味道和過去的麵片完全不同，沒有嚐過這種滋味的威爾，以爲是自己的味覺出了狀況，一時間也想不出問題所在。

這時，哥哥忽然走了進來，催促著威爾快把麵片煮好，送去給病人們。

威爾看著剛煮好的新麵片，雖然無法吃出和過去的食材有何不同，但是口感還不錯，所以他便壯了膽子，將碎麵片煮好送給病人們品嚐。

不料，病人吃過這個碎麵片後，居然個個讚不絕口，哥哥對此事感到奇怪，一再逼問究竟在麵片裡放了什麼東西，威爾不得已，只好說出事情眞相。

於是，他們便將新發明出來的食品稱之爲「麥片」。不久，他們更將這個麥片食品推銷至市場上，從此「威爾麥片」成了美國人生活上必備的健康食品，他們兄弟倆也繼續研究，開發出大麥片、燕麥片、玉米片……等新的健康食品。

「有心栽花花不開，無意插柳柳成蔭」，這正是威爾兄弟的寫照。

如何把失誤的懊悔，修正爲正確的新方法，其實只需要一點創意與膽識。就像威爾一樣，只要化被動爲主動，積極地扭轉乾坤，有時反而會爲自己開創另一個人生的巔峰。

現在的你正敲著腦袋，對自己發生的失誤感到懊惱嗎？

歇一會兒吧！喝一口「威爾麥片」，將失誤重頭到尾想一遍，讓腦筋轉個彎，相信就算你無法發現另一個創意的奇蹟，至少也能理解，當下次遇到同樣的狀況，應當如何妥善面對，才能把事情處理得更好，不致於重蹈覆轍。

厚臉皮智典

風險其實可以像蕃茄一樣包裝起來販賣，如果你懂得低價買入風險，然後高價賣出，你可以就不冒任何風險賺錢。

——R．羅易士

偶爾做個「無賴」也不錯！

你可以決定自己的人生要走往何處，也可以讓自己越活越年輕。別人根本無法鑑定你存在的價值，也無法帶領你去你想去的地方。

享譽國際的西班牙名畫家畢卡索，是一個玩世不恭、行事極爲荒唐的人，常常做出一些讓人啼笑皆非的事。

畢卡索還沒成名之前，一度在街頭替人畫像維生，可是常常畫得和本人不像。面對顧客抗議，他一點也不以爲然，常常不耐煩地回答說：「沒關係，你會慢慢像這幅畫！」

畢卡索成名之後，仿冒畫作層出不窮，問題是，他常常忘了自己畫過什麼畫，也鑑定不出眞畫和假畫，因而鬧了不少笑話。

有一回，一個政界名流帶了一幅畫作請他鑑定，他一口咬定是假畫。這位名流聽了，怒氣沖沖前去要求畫廊老闆退錢。

畫廊老闆聽了更生氣，連忙找畢卡索理論：「豈有此理！這幅畫明明是你賣給我的！」

畢卡索理虧詞窮，但卻絲毫不肯承認錯誤，無賴地說：「你難道不知道，有時候，我自己也畫一些假畫！」

日本明治時代著名的大商人大倉喜八郎，年輕時候也做過不少傻事。

他曾經爲了知道必須用多少石頭、花多少時間才能堵塞河流，每天朝河裡丟石頭。有一天，他又突發奇想，認爲既然從地球儀來看，日本的背後是美國，那麼理論上來說，只要一直往下挖，一定可以挖出一條「通往美國之路」，於是開始每天在後院拼命挖地道。

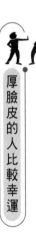

富蘭克林七十歲的時候，某次演講時說：「我知道如果順著原路繼續前進，大概會走向墳墓。所以，我轉過身來回頭走。我已經這樣走了四年，你可以說我現在只有六十六歲。」

的確，你就是命運的主宰，既可以決定自己的人生要走往何處，也可以讓自己越活越年輕。

別人根本無法鑑定你存在的價值，也無法帶領你去你想去的地方。每個人都應該建立自己的行動基準，爲自己價值觀而活。

厚臉皮智典

莎士比亞說：「每個人的生命中都有一段歷史，觀察他以往的行為性質，便可以用近似的猜測，預測他往後的變化；那變化之芽雖然尚未顯露，卻已潛伏在它的胚胎之中。」

「荒唐」為成功之本？

顧忌別人的眼光和批評，在意世俗的流言蜚語，終將使你無所適從，一事無成。想要成就一番事業，必須有大膽嘗試的豪氣和勇氣。

本田公司（HONDA）以研發、生產汽機車聞名全球，該公司創辦人本田宗一郎，則是以行事荒唐揚名國際。

本田宗一郎小時候不愛讀書，經常逃學、翹課，到處搗蛋取樂，閒得無聊的時候，就趴在馬路上聞汽機車駛過留下的汽油味，自得其樂。

有一回，本田宗一郎在外頭玩累了，肚子餓得咕嚕咕嚕叫，想回教室吃便當，可是距離下課時間尚早，於是他左思右想，終於心生一計，溜進學校鐘樓敲鐘報時。

學校老師不明就裡，匆匆宣佈下課休息之餘，心裡都覺得納悶：「這堂課時間似乎過得特別快！」後來才知道，原來是本田宗一郎搞的鬼。

長大之後，本田宗一郎依舊荒唐得可以。

他曾經騎著機車躍入河中，差一點就淹死，也曾將藝妓從二樓窗口推下，險些吃上人命官司。

結婚當天，他在宴席上喝了太多酒，竟醉得亂了性，將全身衣物褪去，光著身子跳起舞來，把賀客嚇得亂成一團。

即使當上本田公司董事長，本田宗一郎仍然不改荒唐本色。

他對機械熱愛成癡，醉心於汽機車研發，把經營大權交給藤澤武夫，連公司的印章是圓是方，都搞不清楚；閒來無事之時，則穿著沾有油漬的工作服到處晃，經常被「有眼不識泰山」的公司守衛訓斥。

作家穆尼爾·納素夫說：「人生是錯綜複雜的，每個人在自己走過的人生之路上免不了犯錯，對過去錯誤的痛悔與沉思，對未來的嚮往和信心，是一個人從沉淪、迷津中獲得成就的重要因素。」

顧忌別人的眼光和批評，在意世俗的那些流言蜚語，終將使你無所適從，一事無成。

想要成就一番事業，就必須有大膽嘗試的豪氣和勇氣；也許在成功之前，你會遭遇到許許多多的冷嘲熱諷，但是，只要你成功了，就不會有人說你是錯的，中傷與批評也會像啤酒的泡沫一樣，片刻之後就消失無蹤，取而代之的將是讚美和恭維。

厚臉皮智典

英國詩人艾略特說：「流言像抽煙者從骯髒的煙斗裡噴出的煙霧。它能證明什麼呢？只不過是抽煙人的一股難聞的煙味。」

你有「自私」的本錢嗎？

在現實社會中，如果我們想增加自己的利益，就必須先正視別人的慾望，照顧別人的利益。

美國幽默作家馬克吐溫，有一次想向鄰居借一套書來翻閱，鄰居很客氣地說：「能把書借給您是我的榮幸，不過，您得到我家書房去閱讀，因爲我的書按照慣例是不能外借的。」

馬克吐溫借書不成，只好悻悻然回家。幾天後，這個鄰居上門來借除草機，馬克吐溫見「機」不可失，也故作大方地說：「我當然很樂意把除草機借你，不過，按照慣例，我的除草機是不外借的，所以，只好請你到我家的草坪上使用。」

每個人的潛意識中，都存著自私自利的心理，時時刻刻關心自己的權益，而漠視他人的慾望，惡性循環的結果，就像馬克吐溫的鄰居一樣，不肯借書給別人，當然借不到除草機。

《韓非子》裡有一段話說：孩提時代，如果父母養育怠慢疏忽，孩子長大之後就會埋怨父母不是；相對的，如果子女對父母供養微薄粗簡，父母也會譏責子女不孝。連天性至親都會爲了本身的利益而交相指責，更何況是一般分分合合的工作伙伴和政治搭檔。因此，在現實社會中，如果我們想增加自己的利益，就必須先正視別人的慾望，照顧別人的利益，自己才有獲得更多利益的可能。

厚臉皮的人比較幸運

福特汽車公司草創之後，生產與銷售狀況一直陷入膠著狀態，無法突破僵局。爲了使公司業績向上飛躍，亨利．福特克服了股東們的反對聲浪，大幅調高員工薪資。此舉使得員工們以實際行動表達由衷的謝意，大家比以前更加努力生產、衝刺，公司收益直線上升，規模也逐漸擴展。

這正是《孫子兵法》所說「將欲取之，必先與之」的道理——想要獲得最大的利益，必須先犧牲一部分利益。

古代不少謀士、名將都運用過這種手法消滅強敵，其中最典型的例子就是張儀的「連橫破合縱」。秦國想要併吞天下，但是敵不過六國合縱的龐大力量，於是採取各個擊破的策略，派張儀分赴六國遊說，不惜以鉅金、奇珍異寶籠絡各國權臣，並且動輒割地數百里、奉贈城池若干討好各國君王，最後終於瓦解了長達十五年的六國合縱盟約。

連橫策略奏效之後，秦軍跨出函谷關，不但將失去的土地、城池連本帶利討回，也締造了中國歷史上第一個帝國。

厚臉皮智典

法國哲學家狄德羅：「人類既強大又虛弱，既卑瑣又崇高，既能洞察入微，又常常視而不見。」

你真的沒什麼了不起

每個人都有自尊心，一受到別人責備，心底一定湧起「你又有什麼了不起」的想法，繼而對責備的人產生憎惡感。

結束日本戰國時代的豐臣秀吉飽經塵世磨練，自社會底層一路向上攀爬，好不容易才躍上權力頂峰，在待人處事方面的表現相當圓融、高明。

有一次，明智光秀詢問一位豐臣秀吉的老部下：「你的主公在諸侯中聲望極高，也深受部屬擁戴，他究竟用什麼方法籠絡人心的？是不是有特別之處？」

這個人回答說：「並沒有什麼特別的方法。他很少責怪我們，平常，我們只要一達成任務，他就會慷慨地獎賞。有時候，賞金之多甚至出乎我們意料。若說特別，大概就是這一點吧！」

事實上，豐臣秀吉這種收攬人心的模式便是《孫子兵法》所說的：「主將之法，務攬英雄之心。賞祿有功，通志於眾。」

當時各路諸侯或戰國武將當中，只有豐臣秀吉會細膩地照顧到部下的自尊和利益。

每當一場戰役結束，不論是輸是贏，他總是一一慰勉部下，甚至以誇大的口吻稱讚他們表現勇猛。對於戰役中死亡的士兵家屬，他也竭盡所能從優撫卹。

有一回，豐臣秀吉麾下猛將蒲生氏鄉率軍攻陷巖石城。

豐臣秀吉接獲報告，立即下令犒賞前線兵士，並且派人將自己的愛馬送去給蒲生氏鄉，命他騎馬趕回主帥大營。

蒲生氏鄉快馬加鞭趕回，赫然發現豐臣秀吉正率領著全營部將一字排開，列隊歡迎他。這種盛大的當眾獎勵模式，使得視爲榮譽爲第二生命的蒲生大受感動。

豐臣秀吉經常以這種手法激勵部下，讓他們在物質和精神層面都獲得獎勵，最後終於將士用命，統一日本。

某位深受年輕人歡迎的偶像級政治人物說：「對於部屬，不論職位高低，千萬不要當著眾人面前指責他，即使他犯了嚴重的錯誤，也應該私下和他溝通。」

每個人都有自尊心，一受到別人責備，心底一定湧起「你又有什麼了不起」的想法，繼而對責備的人產生憎惡感。這位政治人物深知人性的這項弱點，難怪會在政壇上平步青雲。

厚臉皮智典

作家奧．旭萊納：「友情本來是一根結實的拐杖，可是，當你全身倒下去倚靠它的時候，它就折斷了。在你最需要朋友的時候，你總是孤單的。」

自曝缺點，可以鬆弛對方的心防

如果你適度地將自己的某些缺點曝露出來，反而可以瓦解對方的心防，容易獲得別人親近、信賴。

長年在政壇、商場打滾的人都有過這種經驗——酬酢應對之時，缺點比優點更受對方歡迎。缺點可以鬆弛對方的心防，彼此可以脫下面具，開懷暢談一番。

豐臣秀吉常常毫不保留地顯露自己的缺點，消弭對手的警戒和猜疑。儘管有人認爲他太輕浮，瞧不起他，但是，他仍然一天到晚吹牛、管閒事。他故意地將缺點表露出來，反而使自己的地位更加穩固。

織田信長對豐臣秀吉非常欣賞，不論公私場合都稱呼他「猴子」，由此可見織田信長對他毫無警戒、提防的心理。

反觀，相貌出衆、才智過人、學識優越的明智光秀，雖然處處表現得無懈可擊，卻始終得不到信長織田的歡心和信賴，時時刻刻擔心他會倒戈叛變。織田家的家臣們對言行幾近「聖人」的明智光秀，也個個心懷厭惡和忌恨，終於導致他走上叛亂弒主之路，最後戰敗身亡。

厚臉皮的人比較幸運

歌德曾經說過一番耐人尋味的話：「人活在世界上，必須要有某些缺點存在，過分完美的人，容易讓人心生反感。」

一般人在公衆場合都會百般掩飾自己的缺點，不願意被別人看見眞實的一面，因此，對外總是矯揉造作，想表現出完美無瑕的模樣，爭取別人的重視和景仰。

可是，每天戴著假面具過日子，未免太虛僞、太不自在了，愈想掩飾自己的缺點，就愈擔心被別人拆穿自己的僞裝。

我們的心理如果全副武裝，相對的，別人的心理也會產生反射性地設防，到頭來，大家便小心謹慎地相互防備。

在這種情況下，一個人即使表現得再謙沖有禮、誠懇勤勉，也無法獲得別人的信任。

相反的，如果你適度地將自己的某些缺點曝露出來，反而可以瓦解對方的心防，容易獲得別人親近、信賴。

缺點，具有潤滑人際關係的功能，某些政壇人士或商場大亨就常常利用缺點，作爲拓展人際關係的武器。我們又何必懼怕，頻頻加以掩飾呢？應該將缺點善加利用在人際關係方面，使自己獲得更高的成就。

厚臉皮智典

法國思想家巴斯卡：「人生只不過是一場永恒的虛幻罷了，我們只不過是在相互蒙騙相互阿諛。人不外是偽裝，不外是謊言和虛假而已。」

想辦法活用自己的缺點

活用自己的缺點，可以達到出其不意的效果，吸引對方注意，進而獲得信賴。

某位名作家是一個善於利用自己缺點的人。

他的才思並不敏捷，文筆充其量也只能算中等程度，寫稿寫不出來的時候，就乾脆脫離主題，扯到自己曾經幹過什麼壞事、糗事，藉此自娛娛人，順便騙騙稿費。

沒想到，這種筆調竟獲得出版社和讀者青睞，認爲他眞實地反映人生，不像其他勵志類書籍作者道貌岸然，老是說一些連自己都做不到的人生大道理，寫一堆無法完成的「心靈工程」。

這位名作家簡直是利用自己的缺點淘金，往往書籍一出版就躍登暢銷排行榜，大賣特賣。

厚臉皮的人比較幸運

《菜根譚》說：「鷹立如睡，虎行似病，正是牠攫人噬人的手段。」

高明的騙子或詐欺犯之所以能夠行騙天下，無往不利，通常是靠著忠厚、笨拙、愚鈍的外表偽裝，取得他人的信賴，才能遂行騙術。

同樣的，想要獲得別人的好感和信任，掩飾缺點倒不如曝露缺點，有時，更不妨製造幾個無傷大雅的假缺點。

大智若愚，大巧若拙，這才是處世的大智慧。

活用自己的缺點，可以達到出其不意的效果，吸引對方注意，進而獲得信賴。

陷於缺點的困擾之中，一心只想遮掩粉飾，其實是下下之策；聰明的人會以坦誠的態度，將自己的缺點表現出來，並且善加運用。

當然，並不是要你把所有的缺點，毫無保留地全部曝露出來。

若干可能引起別人攻擊，或是導致自己地位崩潰的缺點，當然需要妥善掩飾，只曝露那些無關緊要、不會造成致命傷害的缺點。

如此一來，你不但可以掩藏自己的重大缺點，又可以獲得別人信任，可謂一舉兩得。

厚臉皮智典

松下幸之助說：「不可以希望世界上全部是好人，或是心地善良的人；十個人之中，必有不美好的人，不正當的人，這是社會的真實狀態。」

滿足別人就是滿足自己

人與人之間不管是什麼性質的交往，都必須注意對方需要的是什麼，然後，盡力協助他達成。對方的慾望獲得了滿足，你自己也會得到想要的回餽。

美國林肯電機製造公司爲了更加蓬勃發展，曾經採行一個令員工們興奮的措施——將公司部分股權分配給員工。

這在當時堪稱是一項創舉，如此一來，每個員工都成了股東，和董事會一樣關心公司的盈虧，開始盡心盡力投入工作，不僅增加了自己的收入，也使得公司的業務蒸蒸日上。

這種將員工生產力和公司利益結合的方法，巧妙地刺激了員工們的獲利慾望，既增加了生產量，又消除了集體罷工的可能性，可謂是一舉兩得的方法。

林肯電機製造公司的創舉奏效後，許多公司爭相模仿，把這種方式視爲激勵員工的有效手段。

厚臉皮的人比較幸運

人與人之間，不管是什麼性質的交往或聚合，都必須注意對方需要的是什麼，然後，盡力協助他達成。等到對方的慾望獲得了滿足，你自然就會得到自己想要的回餽。

假如你是一個上班族，應當明確地瞭解上司注重的、要求的是什麼，如此一來，你的表現和成績才會讓他感覺滿意，才會受到器重。

如果上司是個「急驚風」，講求的是速度和爆發力，那麼，你就不能當「慢郎中」，不能有慢工出細活的工作態度，應該在不損及工作品質的前提下儘量地快速，否則，上司就會認爲你笨手笨腳，欠缺應變能力，不足以擔當大任。

如果，你的上司是個完美主義者，交代必須提出詳細而正確的企劃案，而你卻為了展現速度，匆忙草率地遞出企劃書，那麼，他對你的工作態度和能力自然會大打折扣。

日本戰國名將武田信玄麾下大將山本勘助曾說：「身為一個家臣，必須瞭解自己主公的性格。如果他是一個性急的人，對他報告事情，必須先說出結果。除非他想聽事情的細節和經過，你才可以仔細說明；千萬不要一開始就有頭無尾拉拉雜雜說一大堆。」

山本勘助能被一代名將武田信玄倚為肱股，絕非因緣際會般的偶然。他的說法對現今朝九晚五的上班族，同樣相當適用。

人與人相處，如果沒有考慮到對方的需求，一味只顧滿足本身的權益，很難有圓滿的結局。

厚臉皮智典

作家昂．瑪阿里：「不要和那些沒有任何本領的人交朋友，因為，他們既不配當你的朋友，也不配當你的敵人。」

11.
PART

你用什麼心態面對失敗

面對失敗的處理方式不同，
「失敗」本身的意義也會有所不同。
將逆境視為自我蛻變的成長過程，
最後才能像蝴蝶一樣破蛹而出，翩然翔舞。

你用什麼心態面對失敗？

面對失敗的處理方式不同，「失敗」本身的意義也會有所不同。將逆境視為自我蛻變的成長過程，最後才能像蝴蝶一樣破蛹而出，翩然翔舞。

一九一四年底某個冬夜，愛迪生位於紐澤西州的工廠突然失火。熊熊大火吞噬了價值兩百萬美元的設備，以及愛迪生畢生的研究心血。

愛迪生的兒子查理士擔心他來不及逃離火海，慌張地在火場四周找尋。後來，查理士發現，愛迪生動也不動地站在火場不遠處觀看火景，臉龐被大火映得通紅，滿頭散亂的白髮在寒風中飄動。當年，愛迪生已經六十七歲，一生心血卻在一夜之間付之一炬。查理士害怕他承受不了這種嚴酷的打擊，趨前輕聲安慰。

不料，愛迪生卻對他說：「你母親在哪兒？趕快找她來！她這輩子恐怕還沒有看過這麼壯觀的場面呢！」

愛迪生這種豁達開朗的性格，正是一個成功者不可或缺的條件。由於他能迅速將突如其來的失敗和災厄拋在腦後，才能在花甲之年仍舊不斷發明出新產品。

豐臣秀吉年輕的時候，曾經在一家油舖工作，由於待人殷勤，處事機靈，深獲老闆賞識，打算把油舖交給他經營。不料，某天半夜，突然有一群強盜闖入油舖打劫，殺死了老闆，並且放火燒掉店舖。

豐臣秀吉非常悲傷，一個人坐在滿目瘡痍的店鋪前啜泣，附近的店家覺得他很可憐，打算僱用他當伙計，沒想到豐臣秀吉卻搖搖頭拒絕。他說：「這件事對我來說，並不是很嚴重的打擊，也許是天意如此，要我去別的地方闖蕩。」

這可能就是豐臣秀吉的天性——不管遭遇什麼不幸、變故，都不會沉緬於失望與悲哀之中，而將之視爲一個全新機運的開始。

英國作家比徹曾經寫道：「是挫敗使骨頭變硬，是挫敗使骨頭發揮潛力，是挫敗使人變得不可征服。」

的確，面對失敗的心態和處理方式不同，「失敗」本身所代表的意義也會有所不同。

病痛、窮苦、失敗……等逆境，常常會造就不世出的天才與英雄。遭遇挫折，要有承受挑戰的信心，將逆境視爲自我蛻變的成長過程，最後才能像蝴蝶一樣破蛹而出，翩然翔舞。

厚臉皮智典

松下幸之助說：「人心，實在是一種自由奔馳的東西，不論發生什麼困難，都會有很多想法產生。只要再多想一下，就能一轉而為海闊天空的瀟灑自在心境。」

自己何必勉強自己

不管你的意志多麼堅定，面對不喜歡的事務，還是會含糊應付；不管你再怎麼懶惰、沒耐性，還是會有某些讓你迷戀不已的事物。

法國名劇作家莫里哀從小就非常喜歡戲劇，到了如癡如狂的地步，大學還沒唸完就四處借款，籌組「光耀劇團」，以自編自導的方式開始了他的戲劇生涯。

三年之後，莫里哀負債累累，由於還不出錢，被債主們送進監獄，幸虧一位朋友出面作保，才得以獲釋。

出獄之後，莫里哀仍熱衷於戲劇，帶著劇團成員四處演出，由於入不敷出，只得變賣所有可以換錢的東西，一群人過著艱困的流浪生涯，平日三餐不繼，晚上常常睡在草棚裡。

這種困苦的生活非但沒有動搖莫里哀對戲劇的熱衷，反而使他更加努力鍾鍊自己的劇本創作和演出技巧。經過長達十二年的煎熬，莫里哀的「流浪劇團」終於獲得民眾肯定，遠近馳名，於一六五八年受邀回巴黎皇宮，在法王路易十四面前演出。這次成功的演出，終於使他躍居爲舉世聞名的喜劇大師。

在豐田（TOYOTA）公司搖搖欲墜之際出任社長的石田退三，曾經被日本工商界公認爲「具有鋼鐵般堅強意志」。

然而，即使是像他這種稱得上堅忍卓絕的人，對於不喜歡的工作，也無法長久做下去。

石田退三大學畢業之後，起初在一所鄉下小學服務，但是，一個學期之後，他就辭職不幹了。單調枯燥的教書生活，使得他身心厭倦。後來，他到東京一家商店任職，可是生意人之間的虛僞酬酢，又使他厭煩不已。一年之後，他悵然若失地回到故鄉，受盡旁人冷嘲熱諷。大家都說他好高騖遠，做事沒有耐心，於是，他陷入自我嫌惡的苦惱之中。

也許因爲這段心路歷程的緣故，他曾經語重心長地說：「人只要做自己喜歡做的事情就可以了。勉強去做不喜歡的事情，即使再怎麼努力，也是無法維持長久。」

相信大家都有過類似的經驗和感受——不管你的意志多麼堅定，面對不喜歡的事務，還是會含糊應付；不管你再怎麼懶惰、沒耐性，還是會有某些讓你迷戀不已的事物。

既然如此，又何必勉強自己去做不喜歡做的事呢？何不效法莫里哀和石田退三的方式，專心一意去做自己想做的事？

或許，你必須因爲這個選擇而面對艱困的日子，但是，只要持之以恆，就會像「流浪劇團」一樣，終究有衣錦榮歸的一天。

厚臉皮智典

英國作家史密斯說：「人生有兩大目的：一是得到想要的東西，二是享受得到的東西。只有最聰明的人才能達到這兩個目的。」

你知道怎麼「用人」嗎？

三國時代，東吳霸主孫權曾經強調，用人的哲學在於「貴其所長，忘其所短」；人與人相處也是同樣的道理。

戰國時代，各國養士風氣盛行，孟嘗君、平原君、信陵君、春申君更是箇中翹楚，門下食客上千，後人稱之為「戰國四公子」。

信陵君門下食客當中，有一個男子經常哭喪著臉，讓其他人十分厭惡。

曾經有家臣告訴信陵君：「那個男子終日愁眉苦臉，一副如喪考妣的模樣，讓他繼續留下，實在有辱公子威名，不如早點打發掉他吧！」

信陵君笑著回答：「你說得有道理，但是，你不認為他很適合擔任弔喪的角色嗎？」

平原君門下有一個食客更絕，竟然一天到晚在街頭巷尾誹謗、辱罵平原君。其他食客看不過去，紛紛請平原君將他逐出門外。

平原君不以爲意地說：「像他這樣每天在街頭巷尾罵我的人，都可以在我門下飽食終日，不正突顯我胸襟寬闊、不計閒隙嗎？他的作法其實是在替我製造聲譽，怎麼可以將他趕走？」

厚臉皮的人比較幸運

戰國四公子號稱「一日三千客，杯中酒不空」，不過，門下食客具有眞才實學的寥寥無幾，大部分都是混吃混喝、濫竽充數的庸碌之人。

但是，四公子本身並沒有鄙視他們的想法，而是抱著「養兵千日，用在一時」的期待，儘量去發掘食客們的優點，而不挑剔他們的缺點。

從投資報酬率的角度來看，只要他們當中有人能在關鍵時刻發揮「一技之長」，便不枉費自己的一番苦心了。

事實上，這些食客雖然不學無術，倒也絕非一無是處。以孟嘗君爲例，他一度被齊國國王貶黜，便是靠著「馮諼市義」而東山再起，後來出使秦國遭到軟禁，差點遭到殺害，更靠著雞鳴狗盜之徒幫忙，漏夜逃出函谷關，才保住了性命。

三國時代，東吳霸主孫權曾經強調，用人的哲學在於「貴其所長，忘其所短」；人與人相處也是同樣的道理，不要太在意周遭的人有什麼缺點，應該儘量活用他們的優點。

厚臉皮智典

美國作家馬克·吐溫說：「不要和那些對他人的宏願嗤之以鼻的人來往，因為他們往往是個小人。若和真正的大人物會面時，會有一種奇妙的感覺，彷彿自己也成為大人物。」

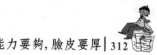

如何「對牛彈琴」最快樂？

如果你能努力去發掘別人的優點，並且加以讚美，必定能在邁向成功的道路上，獲得意想不到的助力。

有位美國女教師曾經做過一項實驗，發現暗示性的稱讚，可以幫助學生建立自信心，刺激他們自動自發向上。

她煞有介事地對班上的學生說：「根據最新的科學報告，藍眼睛的人學習能力比褐色眼睛的人強。」

一個星期後，她發現藍眼睛的學生成績都顯著提升，於是又對學生說：「上次我說錯了，實際上是褐色眼睛的人學習能力比較強。」

一個星期後，褐色眼睛的學生成績也顯著進步許多。

有一位小學老師，相當受學生敬愛，也深獲家長們讚賞。他最擅長的工作，是矯正一般人眼中壞學生的偏差行爲。

他對個性頑劣的學生，從不使用體罰之類的打罵教育，而是以鼓勵的方式循循善誘。

通常，他會任命頑皮的學生擔任班上幹部，然後告訴他們：「我相信你一定會以身作則，成爲班上同學的模範。」或是：「我相信你一定會盡力幫助那些弱小、需要幫助的同學。」

這種勉勵，常常收到意想不到的神奇效果。頑劣的學生難得受到鼓勵，心裡產生了被重視的感覺，開始以身作則循規蹈矩，維持秩序，幫助弱小，久而久之，竟然眞的成爲全班的模範。

有一個不愛唸書的小學生，成績奇差無比，只有自然科勉強及格。

這位老師爲了培養他讀書的興趣，對他說：「你看起來就和愛迪生小時候一樣。」然後，將愛迪生小時候功課如何差勁，後來卻活用自己專長努力研究，終於成爲發明大王的故事告訴他。同時，這位老師也稱讚他自然科成績還不錯，勉勵他以愛迪生作爲榜樣。

幾個月之後，那位原本成績奇差的學生，自然科的成績竟然躍居全班第一，老師便當著全班同學面前加以褒揚。這項榮譽增加了他的信心，於是他更加用功唸書，後來，每一科的成績都名列前茅。

厚臉皮的人比較幸運

韓國有句諺語說：「說如果你出去的話是美麗的，那麼回來的語言也必定是美麗的。」

無論多麼頑劣的小孩子，也一定具有某些優點，即使看起來已經無藥可救，這些優點仍然存在。

對這樣的學生，與其責備他們的缺點，倒不如發掘出他們的優點，加以鼓勵。

如果使用打罵方式要求他們矯正缺點，他們一定會心生反抗，一味強迫他們用功讀書，也是對牛彈琴，既然如此，何不發掘他們的優點，刺激孩子們自動自發呢？

德國作家海涅曾說：「語言可以把死人從墓中叫出來，也能把活人埋入地下。語言可以使侏儒變成巨人，也能將巨人徹底打倒。」

誠心誠意稱讚別人值得稱讚的地方，這種方法同樣可以運用在日常生活中，因爲人的自我形象，事實上是由外在環境和暗示所形成的，隨時都在動搖、改變；如果你能努力去發掘別人的優點，並且加以讚美，必定能在邁向成功的道路上，獲得意想不到的助力。

厚臉皮智典

美國總統華盛頓在《社交格言集》裡說：「每個涉世未深的人都必須懂得：衡量朋友的真正標準是行為而不是言語；那些表面上盡說好話的人，實際上離這個標準還遠著呢！」

你真的視金錢如糞土嗎？

有許多人故意裝出對錢不屑一顧，以示自己高風亮節。其實，愈有這種傾向的人，愈曝露出自己是一位器量狹小的人。

家喻戶曉的日本劍客宮本武藏有非常優越的金錢觀念。他從來不浪費一毛錢，只要有了多餘的錢，就立刻儲蓄起來。

據說，他的住屋橫樑上掛了許多錢袋，需要用錢的時候，才用竹桿將錢袋取下來；有錢的時候，又將錢放入袋中存起來。

宮本武藏活躍的那個時代，正是日本人視金錢如糞土，厭棄汲汲營營的時代，也是武士特別注重身段與名譽的時代，宮本武藏能夠超越世俗的想法，體認金錢的價值，實在難能可貴。

宮本武藏的金錢觀念成形於前半生的流浪生涯，艱澀的漂泊生涯使他深刻體認到「無錢寸步難行」。

他說：「我要遊歷全國山川名勝，走訪各地劍客，如果錢財不夠，就會捉襟見肘，哪裡也去不成。因此，我必須儲蓄……」

厚臉皮的人比較幸運

錢是現代社會生活中，最犀利的武器，只要取之有道，用之得當，就會在人生中扮演重要的角色。

有許多人故意裝出對錢不屑一顧，以示自己高風亮節。其實，愈有這種傾向的人，愈曝露出自己是一位器量狹小的人。只要我們不要像渾身散發著銅臭味的富翁那樣貪婪、嗇吝，有錢又有什麼不好？

古羅馬歷史學家李維在《羅馬歲時記》裡說：「無論何時，放棄一大筆錢財都是容易的，但是要得到它卻是困難的。」

一流的人物對於金錢，都抱著慎重的態度，絕不會輕易放棄或作無謂的浪費。

某位商界大老強調：「過了四十歲你就會發覺，人生之中沒有其他東西比金錢更有價值。有了錢才會擁有豐富的人生。」

能夠愛惜金錢，才能夠愛惜其他東西。養成節儉美德的人，通常都是相當有耐力的人，除了金錢之外，他們還能夠貯存其他有意義、有價值的東西。

厚臉皮智典

法蘭西斯．培根說：「不要相信那些表面上蔑視財富的人；他們蔑視財富是因為對財富感到絕望。」

有錢能使啞巴開口說話

不論哪個時代的哲人都勸人：「要珍惜金錢，但不要貪財，貪財是可怕的，要是你貪財，一定會變成金錢的奴隸。」

有一個平常在街角乞討的啞巴乞丐走進一家ＰＵＢ，向吧檯的調酒師大聲說：「喂，給我一杯蘇格蘭威士忌！」

ＰＵＢ裡的客人見了，全都楞住了。

調酒師好奇地問他說：「你不是街角那個啞巴乞丐嗎？怎麼突然會開口說話了？」

啞巴端起酒杯一飲而盡，慢條斯理地回答：「白天，我身無分文的時候，只能忍氣吞聲當啞巴，到晚上有點錢了，當然要開口說幾句話。」

這則「有錢能使啞巴開口」的諷刺笑話，充分反應出現實功利社會中，人類對金錢的重視程度。

厚臉皮的人比較幸運

作家阿基藍說：「金錢，是財富女神的純潔力量。有了金錢，你就能夠在世界上順利地從事你喜歡的事業，通過正當的手段累積財富。」

錢是現實社會的通行證，也是一個人身分地位的表徵。

蘇秦身居六國宰相後，曾經感慨地說：「貧窮則父母不子，富貴則親戚畏懼。」一語道破了人情冷暖、世態炎涼。

做任何事都需要錢。儘管世人都欣羨詩仙李白「今朝有酒今朝醉」、「千金散盡還復來」的灑脫生活，不過，大部分人毋寧更相信「一文錢逼死英雄好漢」、「有錢能使鬼推磨」、「貧賤夫妻百事哀」……之類的事實。

蘇秦錢財散盡的時候遭到奚落；張儀因爲貧窮而被疑爲盜賊；韓信落魄潦倒

的時候，靠洗衣婦人救助，被無賴少年欺辱；范仲淹貧無立錐，遭到五台山和尚羞辱……在在說明了錢在現實社會的重要性。

必須注意的是，錢能幫我們做許多事，但無法幫我們完成所有的事；一味地追求財富，將使我們變得卑賤、腐敗、墮落。

因此，不論哪個時代的哲人都勸人：「要珍惜金錢，但不要貪財，貪財是可怕的，要是你貪財，一定會變成金錢的奴隸。」

厚臉皮智典

莎士比亞說：「金子！它可以使黑的變成白的，醜的變成美的，卑賤變成尊貴，老人變成少年，懦夫變成勇士。」

到底要錢還是要命？

錢是最好的奴僕，然而，一旦對金錢的觀念偏差，人就會淪為金錢的奴僕。

唐朝文學家柳宗元所著的《柳河東集》裡有一個笑話，諷刺吝嗇鬼要錢不要命的態度。

有一個人生性吝嗇，平日一毛不拔。他的父親比他更糟糕，簡直視金錢勝過自己的性命。有一天，他的父親不小心失足掉進河裡，眼看就快淹死了。這個人急得在岸邊僱船要救父親，他對船主說：「請你幫幫忙，快駕船去救我父親，我給你十兩銀子。」

但是，船主卻趁機敲竹槓，開口要二十兩銀子，於是，兩人爲了船價在岸邊起了爭執。

父親在河中聽見兩人討價還價，顧不得自己就快淹死了，大聲告訴兒子說：「兒子啊，你千萬要堅守底價，如果船主一定要二十兩，你絕對不能僱，二十兩實在太貴了！」

厚臉皮的人比較幸運

作家夏邦．羅伯特說：「錢財可以贖回生命，但是，已經失去的生命是無法贖回的。錢財是可能得到，也可能失去的東西，但是生命一旦失掉，就無法再得到它了。」

這一對父子實在讓人既好氣又好笑，到了性命交關的時刻，仍然爲了十兩銀子和船家爭得面紅耳赤。柳宗元說的這則笑話，所表現的並不是節儉，而是典型的「要錢不要命」。

所謂節儉，並不是刻薄、吝嗇，也不是將自己變成一毛不拔的守財奴，而是

「當用則用，能省則省」。

錢是最好的奴僕，然而，一旦對金錢的觀念偏差，人就會時時刻刻淪爲金錢的奴僕。就像英國思想家羅素所說的：「由於懼怕失去金錢而產生的憂慮與煩悶，會使人把獲得幸福的能力消耗掉。」

金錢的價值取決於你如何運用，懂得運用財富，財富就會變成生命的福祉；不懂得運用，財富就成了禍根。人要役使金錢，千萬不被金錢役使。

厚臉皮智典

英國作家約翰·雷說：「當我們有金子的時候，我們生活在恐懼中，當我們沒有金子的時候，我們生活在危險之中。」

別讓自己淪為金錢的奴隸

千萬不要認為喜愛金錢是壞事，也不要因而感到不好意思，如果你認為金錢是罪惡，故作清高加以鄙視，只會使你在人生旅程上備嚐艱苦，最後淪為金錢的奴隸。

衛國有一戶人家張燈結綵辦地喜事，父親神秘兮兮地把正準備出嫁的女兒拉到一邊說：「妳嫁到夫家之後，可千萬要想辦法多存一些私房錢。現在離婚率這麼高，夫妻能夠白頭偕老的，只能說是僥倖。」

女兒出嫁後謹遵父親的「教誨」，拼命偷存私房錢，有一天，這種行徑終於被婆婆發現，便怒氣沖沖地教兒子把她休了。

這個女兒回家後，帶回來的金錢、財物、珠寶，竟然比出嫁時的嫁妝多出了好幾倍，父親看了，喜出望外，不但沒有反省自己教導偏差導致女兒被休，反而頻頻稱讚她：「幹得好！」

這是《韓非子》裡收錄的一則諷刺故事。使用金錢正確的原則是「當用則用，能省則省」，如果變得一毛不拔或貪得無饜，那就成爲金錢的奴隸了。

許多眞正懂得節儉的人，到了應該花用的時刻，即使必須一擲千金，也不會吝惜。范仲淹功成名就之後創設義田救助貧苦，美國女作家賽珍珠揚名國際之後創辦幼童之家，專門收容棄嬰和殘障兒童，都是絕佳的典範。

安德魯．卡內基從一個週薪一元兩角的小工人，搖身變爲鋼鐵大王，事業有成後，將私人龐大財富捐贈給社會，並爲慈善事業與世界和平奉獻心力。他了解金錢的價值，也懂得如何運用金錢。

厚臉皮的人比較幸運

有人認爲金錢是衡量一個人成就高低的標準；有人則認爲金錢是萬惡的根源，

許許多多的犯罪事件都是因錢而起。

其實，金錢本身並無所謂善惡，全看你如何取得，如何運用。只要取之有道，用之得當，錢便是最好的奴僕，可以幫你達成許多願望。

幽默大師林語堂在《大荒集》裡寫道：「金錢是世上最重要的東西。財富代表健康、體力、信義、慷慨、美麗，猶如貧窮代表疾病、懦弱、恥辱、卑鄙、醜陋，這是如日月經天，無可諱言的事實。」

千萬不要認爲喜愛金錢是壞事，也不要感到不好意思，如果你認爲金錢是罪惡，故作清高加以鄙視，只會在人生旅程上備嚐艱苦，最後淪爲金錢的奴隸。

厚臉皮智典

古希臘學家亞里斯多德說：「人們在處理財富人表現過於吝嗇，或過於縱濫的精神，都是不適宜的。惟有既樸素而寬裕，才是合適的品性。」

12. PART

厚臉皮，成功更容易

「厚臉皮」是一項武器，
而且是上天賜給那些沒有背景，
也沒有外貌或才能的人，一項最大的絕技。
只要能達成目的，
讓人笑罵幾句又有什麼關係呢？

更有彈性，更能適應環境

大環境時時刻刻都在變動，想要跟得上時代而不被淘汰，就要隨時準備好，讓自己更有彈性，也更能適應環境。

法國哲學家沙特曾說：「一個人自己願意做什麼人，就是什麼人。」

確實如此，很多時候，許多觀念與想法的轉變，只是存乎一心而已。

在出版社辦公室裡，某位編輯正與投稿作者正針對作品相互討論。

編輯說：「你的這篇文章結構太鬆散了。」

作者回答：「那就把它歸在散文類吧，我可以接受。」

編輯皺著眉頭，又說：「但是，寫得太過雜亂了。」

作者說：「那不然當成雜記出好了。」

編輯再度挑剔：「可是，這篇作品的格調顯得有點幼稚。」

作者又回答：「既然如此，那乾脆放在童話類好了，我不介意。」

編輯沉吟了一下，終於開口繼續說道：「說實在的，我覺得這篇文章根本沒有一點新意。」

作者說：「是嗎？要不，你把它放在古文也可以。」

厚臉皮的人比較幸運

這位作者，大概可以算得上是十足的「變形蟲」了。不僅個人「原則」彈性十足，隨機應變的能力也是一等一的。

雖然可能會有人覺得這樣的人厚臉皮、沒有骨氣，不過事實上，對多數人來說，「適者生存」才是最重要的處世法則。

其實，我們對於自己生命的自主權，遠遠大過自身的想像，只要願意「放下」，沒有什麼事情是做不到的。

當我們遇到挫折、發現自己的際遇不如己意的時候，與其花時間抱怨、費神生氣，還不如試著讓自己的彈性與可能性更加擴展，用更合適的方式面對困難與挑戰。

曾有人這麼說過，如果我們不能改變環境，那麼就得改變自己。確實，大環境時時刻刻都在變動著，想要跟得上時代而不至於被淘汰、超越，就要隨時準備好，讓自己更自由、更有彈性，也更能適應環境。

厚臉皮智典

儘管我與命運之光相距遙遠，但我也許會登上命運最高的極頂。

——作家威廉．亞歷山大

主動釋出善意，自然能贏得友誼

人跟人之間的互動，許多情緒常常是相互影響的。如果你可以先不討厭人，別人其實也未必有那麼大的理由要討厭你！

所謂「伸手不打笑臉人」，如果對方看來一副毫無敵意的樣子，我們也很難有立場惡狠狠地面對他。

三位外科醫生正在聊天，爭相誇耀自己的醫術厲害。

第一位說：「我曾經幫一個人把手臂接回去，現在他成了全國職棒球隊中最好的投手之一。」

第二位說：「那算不了什麼，我曾經幫一個人把腿接好，現在他已經是世界長跑選手之一了。」

第三位說：「你們的事蹟都算不了什麼。我還曾經幫一個傻瓜縫了一個微笑的嘴，現在他已經是國會議員了。」

厚臉皮的人比較幸運

確實，就算是傻瓜，只要笑嘻嘻地不討人厭，即便沒什麼才能，也能受到大家喜愛、步步高昇。

這可以說是在這個爾虞我詐、有時還得要拼個你死我活不可的社會裡，另外一種成功的生存秘訣。

偉大的音樂家貝多芬曾經說過一句雖然簡單，卻非常有道理的話：「你若恨誰，誰就恨你！」

人跟人之間的互動，許多情緒、愛憎常常是相互影響、慢慢形成的。如果你知道某個人討厭你，你也會不由自主的跟著討厭他；如果你視某個人爲敵人，那麼他也會從你的「假想敵」，慢慢變成眞正的死對頭。

所以，有時候不妨問問自己：爲什麼要無端爲自己樹立這麼多障礙、這麼多不愉快、這麼多的負面情緒與負擔呢？

雖然在競爭者之間，經常彼此必須拼出個高下，但是我們能不能不要把這種對立不斷擴大、無限上綱？

別忘了，如果你可以先試著不討厭人的話，別人其實也未必有那麼大的理由要討厭你！

厚臉皮智典

歌德在《格言和感想集》裡說：「只有具備真才實學，既了解自己的力量，又善於適當而謹慎地使用自己力量的人，才能在世俗事物中獲得成功。」

勇於請教，才是聰明人的做法

開口請教不代表就是弱者、更不代表自己愚蠢。事實上，一個心態健康、充滿智慧的人，根本不會害怕向別人發問。

「不懂就問」對某些人來說是輕而易舉的，但對另外一些人來說，卻不是件容易的事。

有的人寧可自己想破頭、用盡各種方法，也不願意開口問人，彷彿這樣做是為別人添麻煩、顯得自己低別人一截似的。

但是，事情眞的有這麼嚴重嗎？

某人第一次離開家，在鎮上的牧場裡找到一份工作。

第一天上班，老闆給他一只桶子和一條矮凳，要他去牛奶棚擠奶，他快樂地領命而去。

下班的時候，老闆見他被濺了滿身的牛奶，而且那條凳子腿也斷了，就問他：「怎麼樣，這工作很難嗎？」

他哭喪著臉答道：「嗯，其實……擠奶倒不難，難的是，如何讓牛坐到凳子上去。」

厚臉皮的人比較幸運

雖然不知道這位老兄是用什麼「姿勢」擠到奶的，不過相信這位老闆應該會重新考慮，自己要不要繼續僱用此等「天兵」。

中國教育家陶行知曾經有首打油詩是這樣寫的：

「發明千千萬，起點是一問；禽獸不如人，過在不會問。
智者問得巧，愚者問得笨；人力勝天工，只在每事問。」

遇到不懂的事開口請教，不代表自己就是弱者，也不代表不如人，更不代表自己愚蠢。

事實上，一個心態健康、充滿智慧的人，根本不會害怕向別人發問。更何況，即使自認已經知道問題的解答，多問一句，不也可以提供我們另外一個思考或做事的方向？

要知道，發問所得到的好處，有時甚至可抵上自己埋頭鑽研好幾年的功夫，既然如此，何樂而不爲？

厚臉皮智典

想要取得成功，就得順應潮流，切不可不知變通地逆流而動。

——阿根廷作家斯托尼

別為了「面子」，捨掉「裡子」

拉不下「面子」的人，通常也得不到「裡子」。因為裡子來自紮實的研究與實踐，並不是端架子、顧面子就可以得到的。

近代知名的學者林語堂說過一句很妙的話：「中國人的臉不但可以洗、可以刻，並且可以丟、可以賞、可以爭、可以留，有時好像爭臉是人生的第一要義，甚至傾家蕩產而為之，也不為過。」

的確，我們經常把面子看得太重要了，重要到讓人不可思議的地步。總是不願承認自己的不足與缺點，寧願冒著危險、付出高昂或慘痛的代價，也不肯大方承認自己不會、不懂、不知道。

一位考上北一女的新生，開學第一天興沖沖地準備要上學。可是，到了學校附近，卻一時想不起來學校該怎麼走。

她本來想問問一旁的路人，又覺得身穿制服，卻問自己的學校在哪，實在有辱校譽。眼看上學快遲到了，她突然靈機一動，心想：「我怎麼這麼笨呢？不如問人家總統府在哪裡好了，看到總統府就一定能找到學校了！這還真是個好方法呀！」

於是，她就在路上找了一個人問道：「請問，總統府要怎麼去？」

沒想到路人卻回答：「不就在妳們學校對面嗎？這也要問喔？」

厚臉皮的人比較幸運

請問，如果你是這位「聰明」的新生，你該怎麼回答？是紅著臉老實承認忘記路，還是仍要假裝自己其實知道，然後繼續迷路？

拉不下「面子」追求眞相的人，通常也得不到眞正的「裡子」。因爲裡子來自事實、來自紮實的苦練、苦讀、研究與實踐，來自我們自己親身的體驗與努力，並不是端個架子、顧住面子，就可以得到的。

這種實力，是透過我們的努力而得來的，所以才能眞正長長久久。可是，爲什麼還是那麼多人「要面子，不要裡子」呢？

但是，這樣的「面子」對我們又有什麼意義？林語堂說得好，當爭面子成爲人生第一要義，當爭面子爭到傾家蕩產，那我們的人生還剩下什麼？它眞的值得我們不顧一切地維護它、搶奪它嗎？

相信，聰明的你不會不知道答案的。

厚臉皮智典

談吐是人最好的特徵；只要你一開口，我就能知道你是什麼樣的人。

——英國作家瓊森

厚臉皮，成功更容易

「厚臉皮」是一項武器，而且是上天賜給那些沒有背景，也沒有外貌或才能的人，一項最大的絕技。只要能達成目的，讓人笑罵幾句又有什麼關係呢？

人往往爲了面子問題，不願意放下身段，因而喪失許多原本屬於自己的機會。其實，臉皮厚一點，機運就比別人多一點，與其在乎那張薄薄的臉皮，還不如鼓起勇氣，厚著臉皮，積極開創自己的運氣。

即使常常被人拒絕或是遭遇失敗，「厚臉皮」可以讓我們不會老是陷入「自悲自嘆」的循環。失敗了，就再多試幾次，直到判定自己「辦不到」之前，我們還是有無窮的機會。

在大安森林公園內，有一男一女正在對話。

男：「妳知道嗎？」

女：「什麼？」

男：「我好喜歡妳喔！我真的很喜歡妳……我可不可以親親妳？」

女：「不要臉！」

男：「那……我親嘴好了。」

厚臉皮的人比較幸運

如何？這位男士臉皮夠厚吧？

被人罵不要臉也毫不在意，還能兜個圈子說「不要親臉，那我親嘴好了」，實在教人佩服得五體投地。

我們都曾罵過別人「厚臉皮」，彷彿臉皮厚是一件很可恥的事，但真的是這樣嗎？我們反倒應該想想，這些臉皮厚如牛皮的人，是不是真的有什麼值得學習的地方？

事實上，隱藏在背後的，就是鍥而不捨的追求精神，對於那些只嘗試了一下子就放棄的人來說，這絕對是最欠缺的力量。

不要害怕表現出自己「想要得到」的慾望，對很多受東方式教育的人來說，明明心裡想得要命，臉上卻得裝得淡泊灑脫，一副不動聲色的模樣，還要對那些積極爭取的人指指點點說「臉皮眞厚」，這是多麼折騰人的事呀！

「厚臉皮」是一項武器，而且是上天賜給那些沒有背景，也沒有外貌或才能的人，一項最大的絕技。

因爲人生有許多優勢，或許百分之九十以上，都得看祖上有沒有積德，自己有沒有天賦決定，但臉皮的厚度卻是可以訓練的。

就算小的時候臉皮薄，連插隊買便當都不好意思，但長大以後依舊可以透過各種社會與生活經驗的累積，慢慢把臉皮訓練得刀槍不入！

只要練就不輕易被他人言語傷害的本事，便不容易被羞恥心打敗。如此一來，想要的東西，只要堅持都能得到，只要能達成目的，讓人笑罵幾句又有什麼關係呢？

只要有了奇厚無比的臉皮，那些需要各項優勢才能得到的好處，十有八九一樣可以手到擒來。所以，臉皮厚點又有何妨？

厚臉皮智典

人生應該有兩個目標，第一個是追求自己想要的東西，第二個是要享受到手的東西。能達到這兩個目標，才算是聰明的人。

——英國語言學家羅根・史密斯

懂得迂迴帶過，才不會多說多錯

> 一時衝動脫口而出的話，一旦說出口，就再也收不回來了，最後也必定會在彼此之間造成極大的傷害。

面對尖銳不善的質問，並非只能硬著頭皮正面回應，有的時候，「不答之答」或是「答非所問」，反而還能適時化解僵硬的氣氛。

在某戶家庭裡，一對父子的對話如下。

「爸爸，我想今晚用一下您的汽車，可以嗎？」

父親立刻顯露出莫名其妙與不耐煩的神情，並且說道：「那你長那兩條腿，到底是要幹什麼呢？」

「喔，爸爸，是這樣的，一條腿要用來踩油門，另一條腿則是用來踩煞車。」兒子趕忙回答。

厚臉皮的人比較幸運

兒子未必不懂得父親的言下之意，不過他卻選擇了「答非所問」的方式來迴避父親的質問，這樣的對話，不知道大家是否感到熟悉呢？

有的時候，我們明明聽懂對方話中的意思，卻因爲不願示弱或不願意正面回答，而將答案迂迴帶過，這就是一種「答非所問」的技巧。

這種技巧用多了固然不見得好，但若是偶爾在適當的地方用用，有時確實可以收到四兩撥千斤的神奇效果。

這樣做的優點在於，能夠爲彼此爭取到一些緩衝的時間與空間，讓雙方可以再想想該怎麼回應，問的人又是否應該繼續追問下去？再問下去，又有什麼好處？再問下去，能得到想要的回答嗎？如此一來，或許許多的失言與衝突，也都會因此而消失於無形了。

最讓人後悔的，常常是一時衝動脫口而出的話，這些話一旦說出口，就如同潑出去的水，再也收不回來了，最後也必定會在彼此之間造成極大的傷害。

因此，若是不確定自己應該怎麼說才好，對方又將你逼到非說不可的時候，不妨試試「答非所問」這一招吧！

說不定，事情的結局反而不會那麼糟呢！

厚臉皮智典

不要信口開河，也不要信口雌黃，你常常可以看到，最大的笨蛋是最大的騙子。

——英國作家切斯特菲爾德

無知，是因為缺乏自我充實

要時時增加自己的知識與常識。不要輕信任何利用我們弱點、貪念以及「無知」，企圖從我們身上得到好處的人。

無知不但是一種損失，更會「造成」我們的損失。

我們不能期待別人不來騙我們、不來誆我們，我們只能要求自己努力了解世界、努力磨練智慧，以「求知」代替「無知」，以「智慧」對抗不實的謊言與騙局！

有一天，某大學法律系的刑法課上，教授臨時出了一道隨堂考題。

教授向學生提出的問題是：「請舉例說明，什麼叫詐欺罪？」

學生回答：「如果您不讓我考試及格，就是犯了詐欺罪。」

這個答案讓教授非常詫異，於是問他：「怎麼解釋？」

學生老神在在回答：「根據刑法，凡利用他人的無知，而使其蒙受損失者，則犯詐欺罪。」

厚臉皮的人比較幸運

社會上常常會有許多人利用我們的「無知」，或是用拐騙、詐賭、僞造等方式，甚至利用宗教信仰，無所不用其極，就只爲了從我們的身上謀取好處。他們可能甜言蜜語、可能循循善誘，甚或可能道貌岸然，但在他們甜美或可靠的外表下，卻都隱藏著一顆害人之心。

那麼，我們該如何對抗這種人？我們該如何判斷別人的話、別人的所作所爲可不可信呢？

答案是用自己的智慧！英國作家斯特恩曾經說過：「一盎司自己的智慧，抵得上一頓別人的智慧。」

對於任何事，我們都要敢於質疑，並且要懂得多方徵詢意見，平常更要時時增加自己的知識與常識。不要輕信任何利用我們弱點、貪念以及「無知」，企圖從我們身上得到好處的人。

有些人特別容易被騙的原因，或許就是因為他們對世界與對人的認知實在太少，連一些顯而易見的不合理、不對勁都無法分辨、質疑，自然會被人耍得團團轉了。

厚臉皮智典

世上只有兩種力量，一種是劍，另一種是思想，而思想最終總是戰勝劍。

——拿破崙

智在人生

01

能力要夠，臉皮要厚：臉皮厚黑學

作　　者　公孫龍策
社　　長　陳維都
藝術總監　黃聖文
編輯總監　王郡凌
出 版 者　普天出版家族有限公司
新北市汐止區忠二街 6 巷 15 號
TEL / (02) 26435033（代表號）
FAX / (02) 26486465
E-mail：asia.books@msa.hinet.net
http://www.popu.com.tw/
郵政劃撥 19091443 陳維都帳戶
總 經 銷　旭昇圖書有限公司
新北市中和區中山路二段 352 號 2F
TEL / (02) 22451480（代表號）
FAX / (02) 22451479
E-mail：s1686688@ms31.hinet.net
法律顧問　西華律師事務所・黃憲男律師
電腦排版　巨新電腦排版有限公司
印製裝訂　久裕印刷事業有限公司
出 版 日　2023 年 1 月第 1 版
I S B N◉978-986-389-854-2　條碼 9789863898542

國家圖書館出版品預行編目資料

能力要夠，臉皮要厚：臉皮厚黑學／
公孫龍策著.一第 1 版.一：新北市,普天出版
2023.01 面；公分. -（智在人生；01）
I S B N◉978-986-389-854-2（平裝）

普天之下・盡是好書

普天出版家族
Popular Press Family

凌雲文創
A-Plus Creative Company